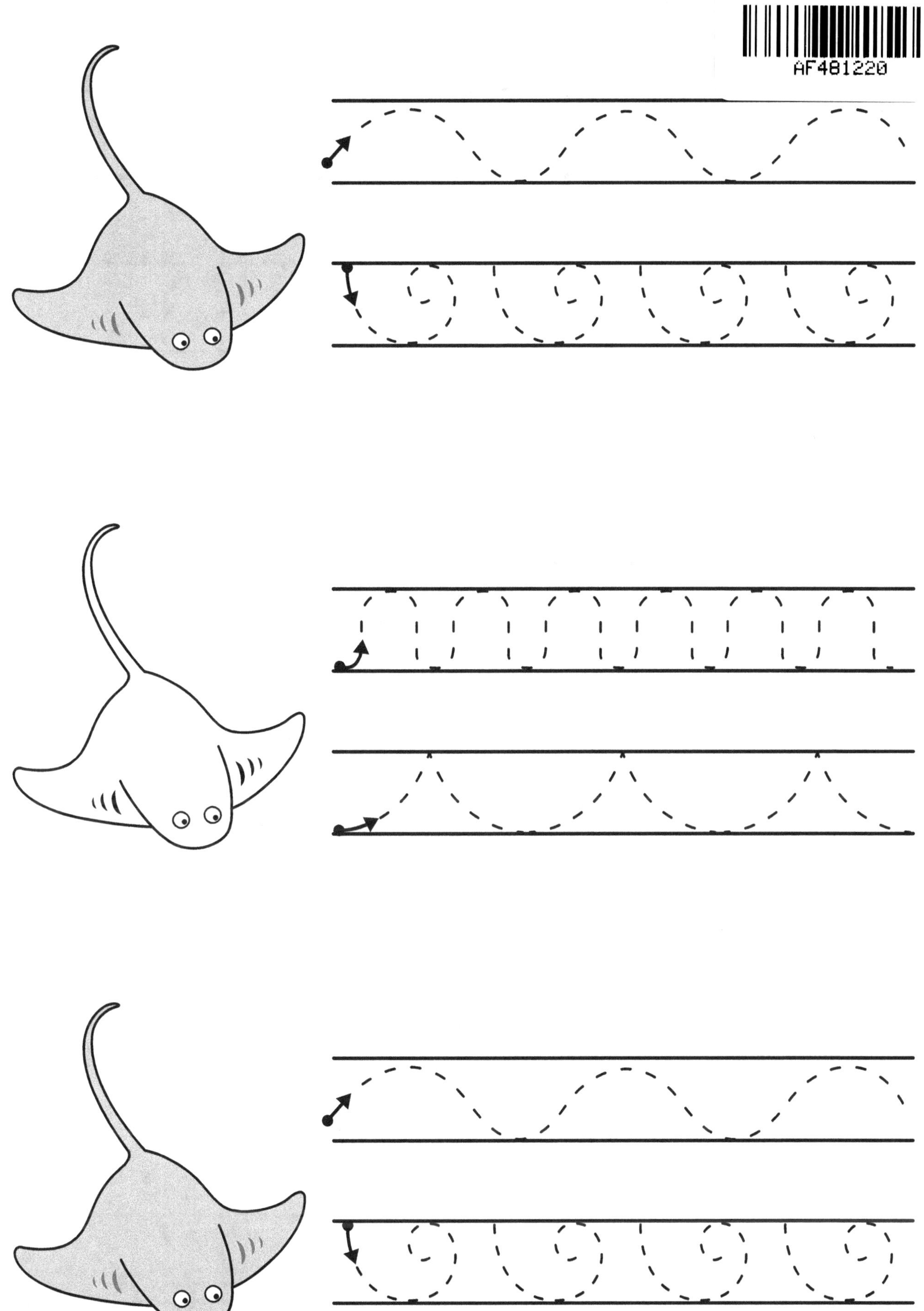
AF481220

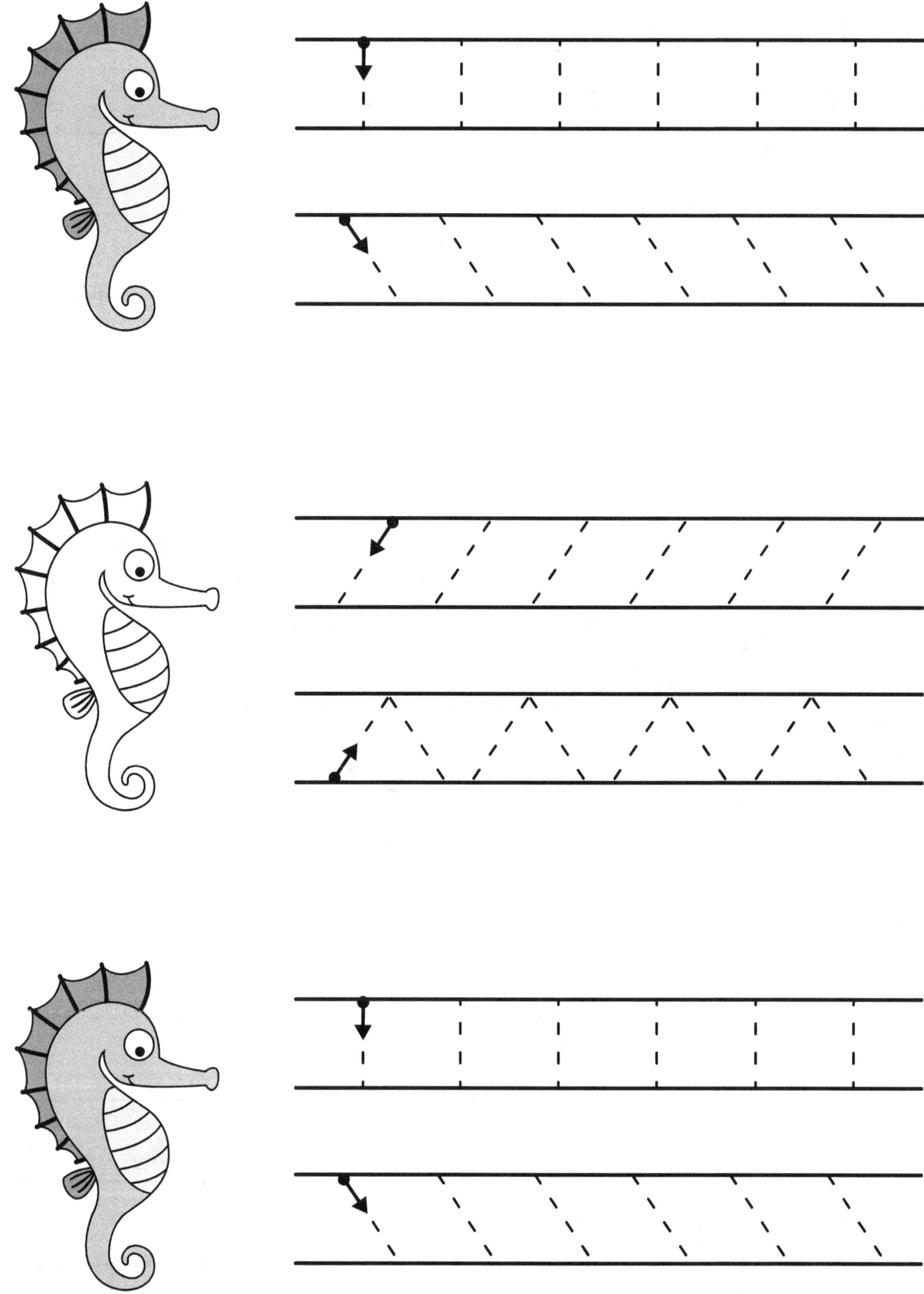

DIESES BUCH GEHÖRT

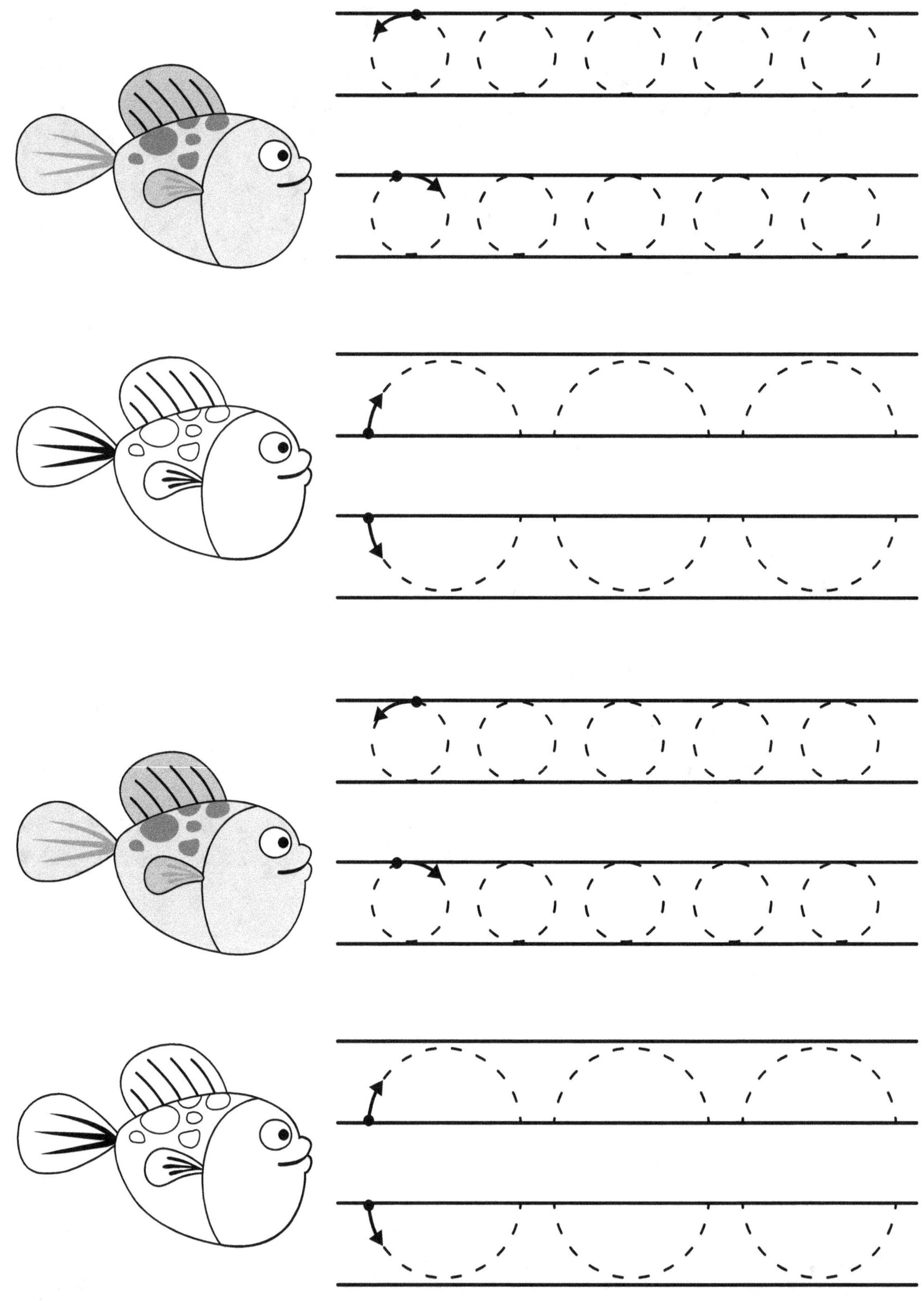

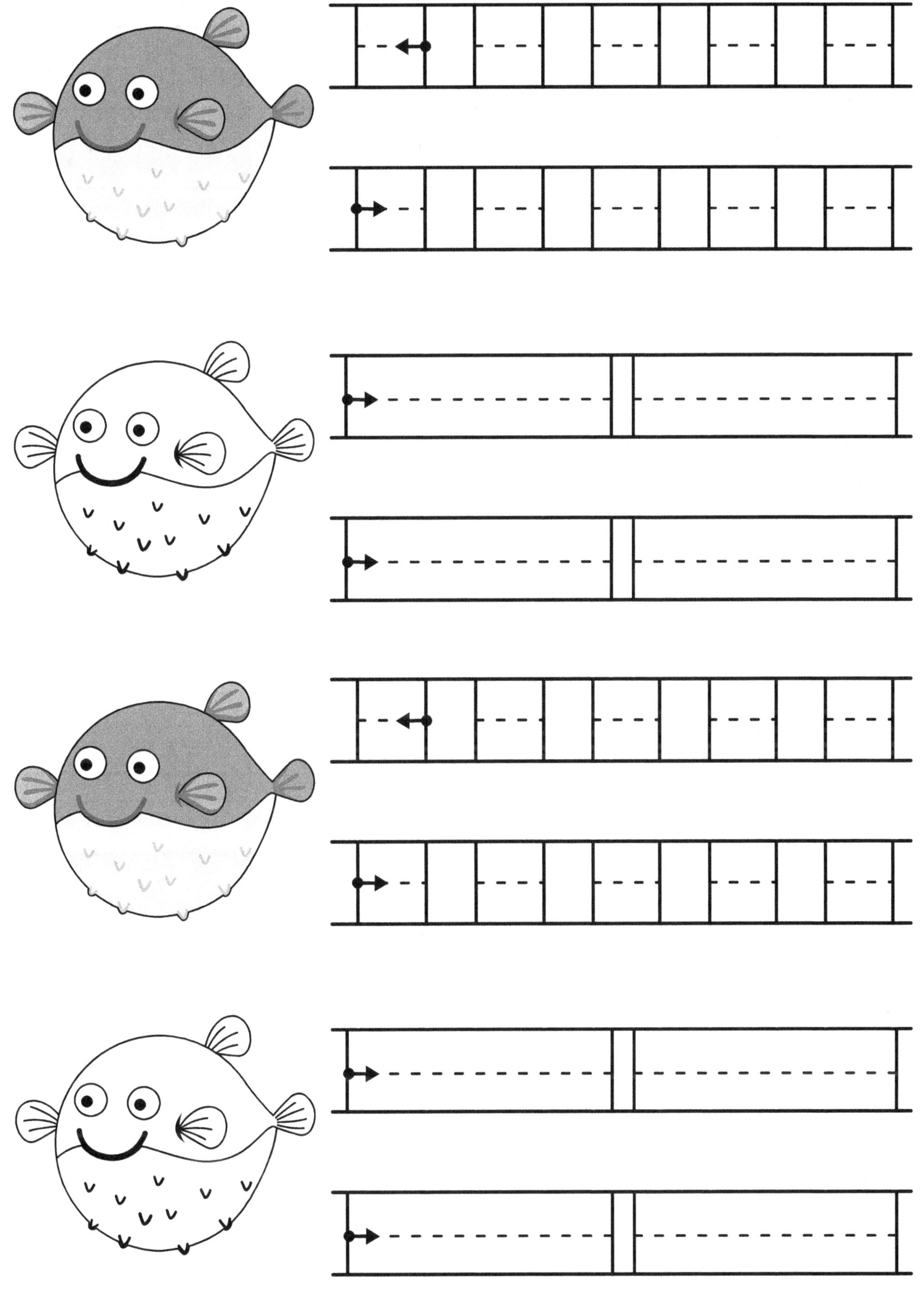

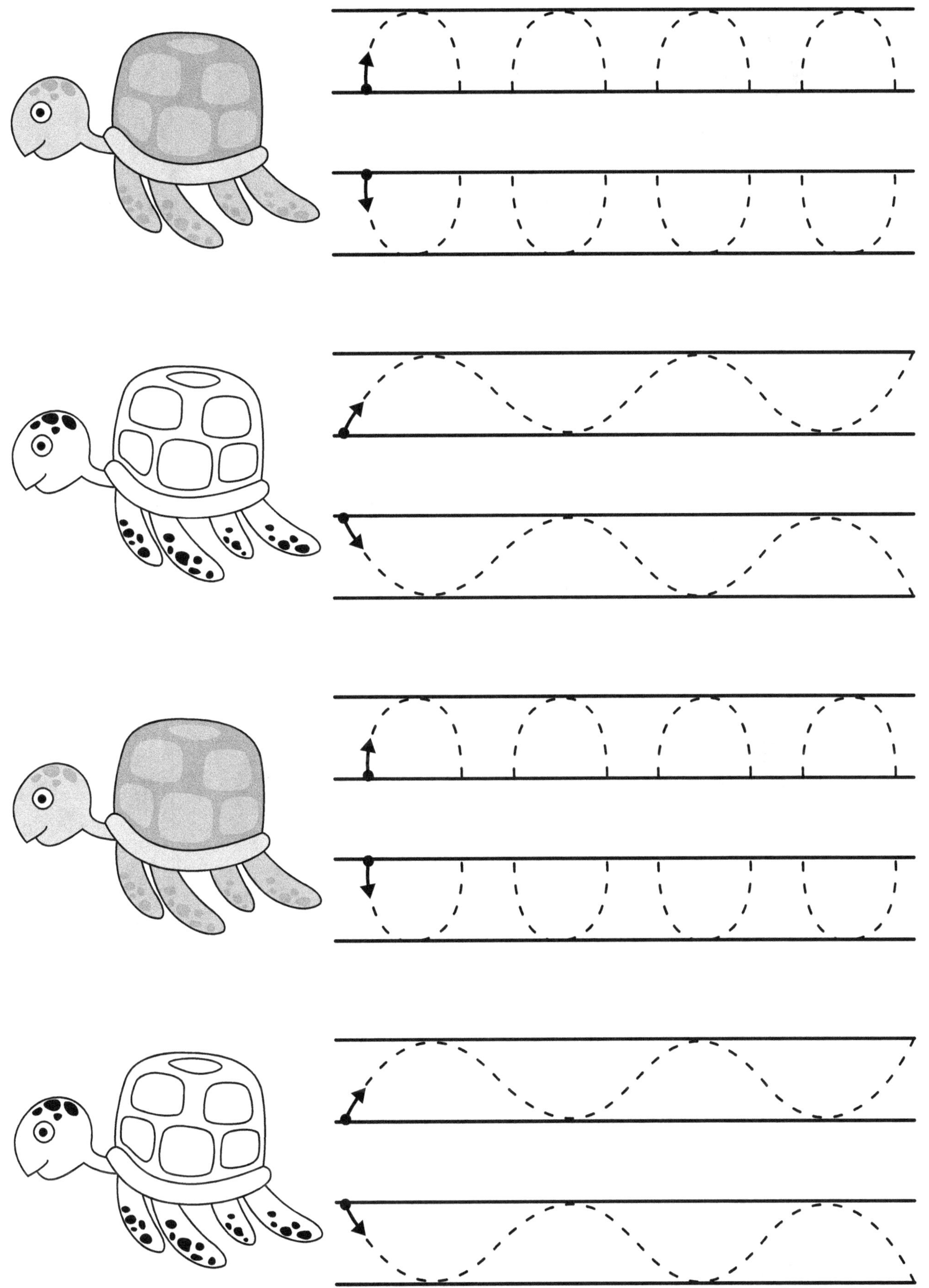

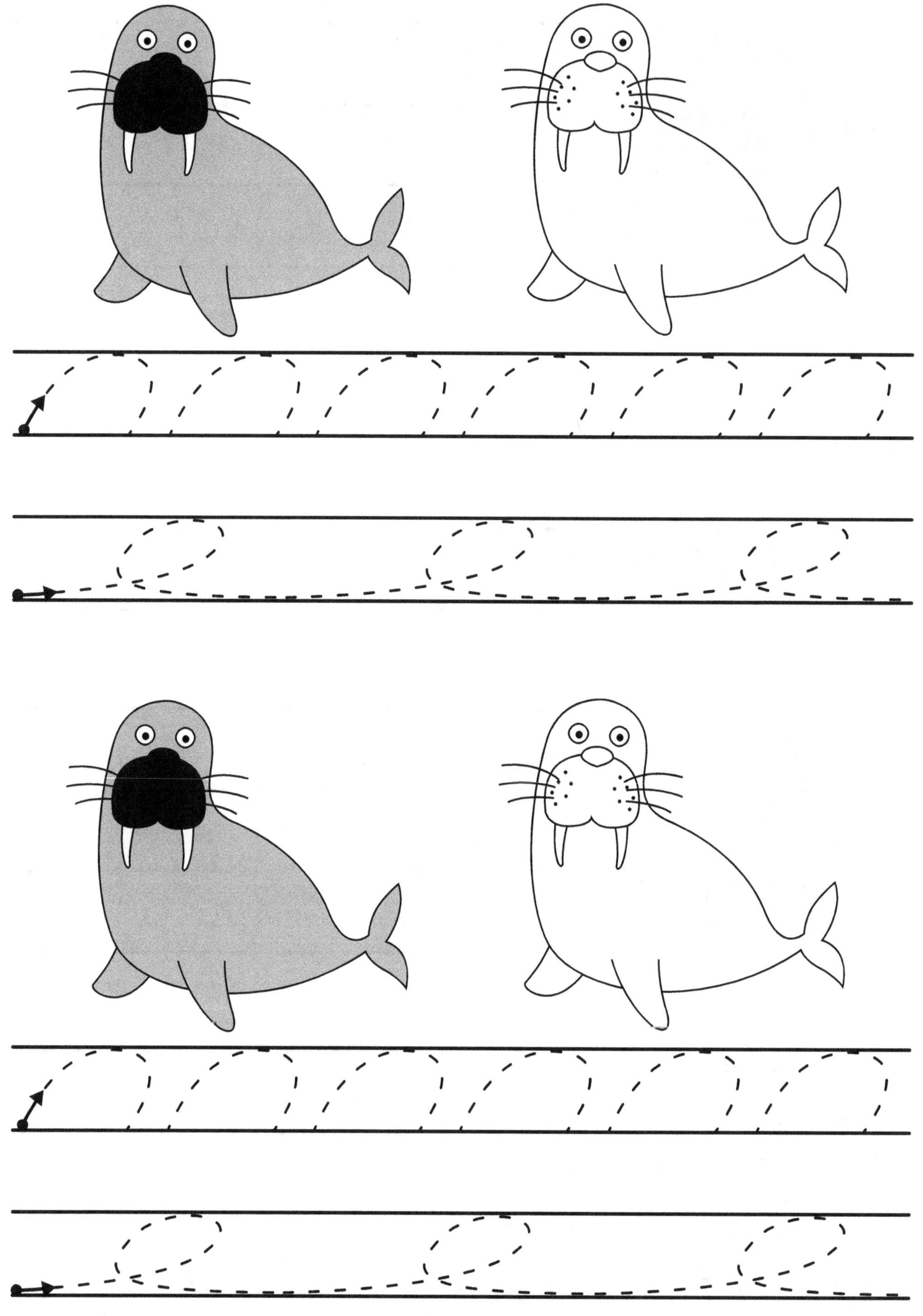

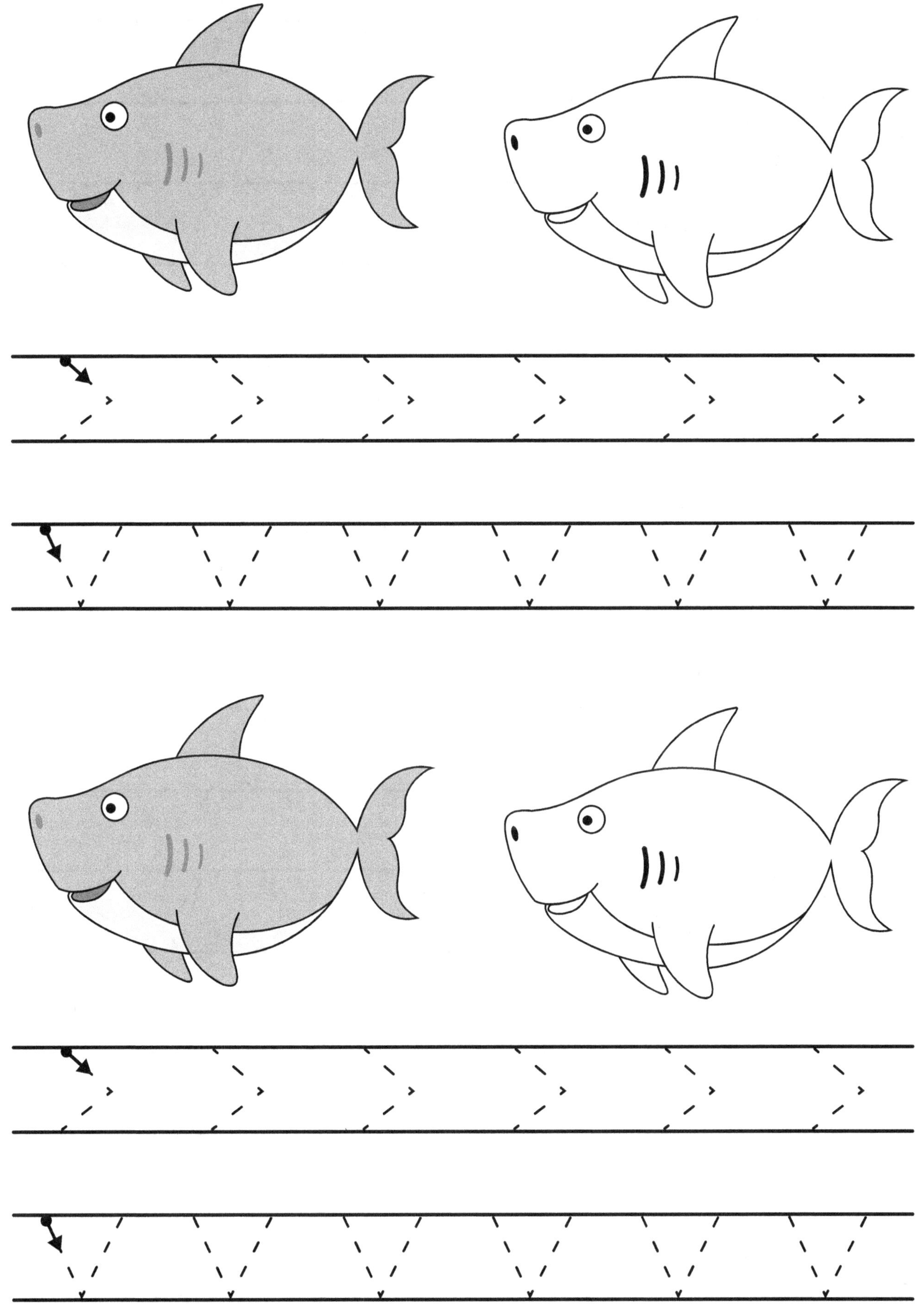

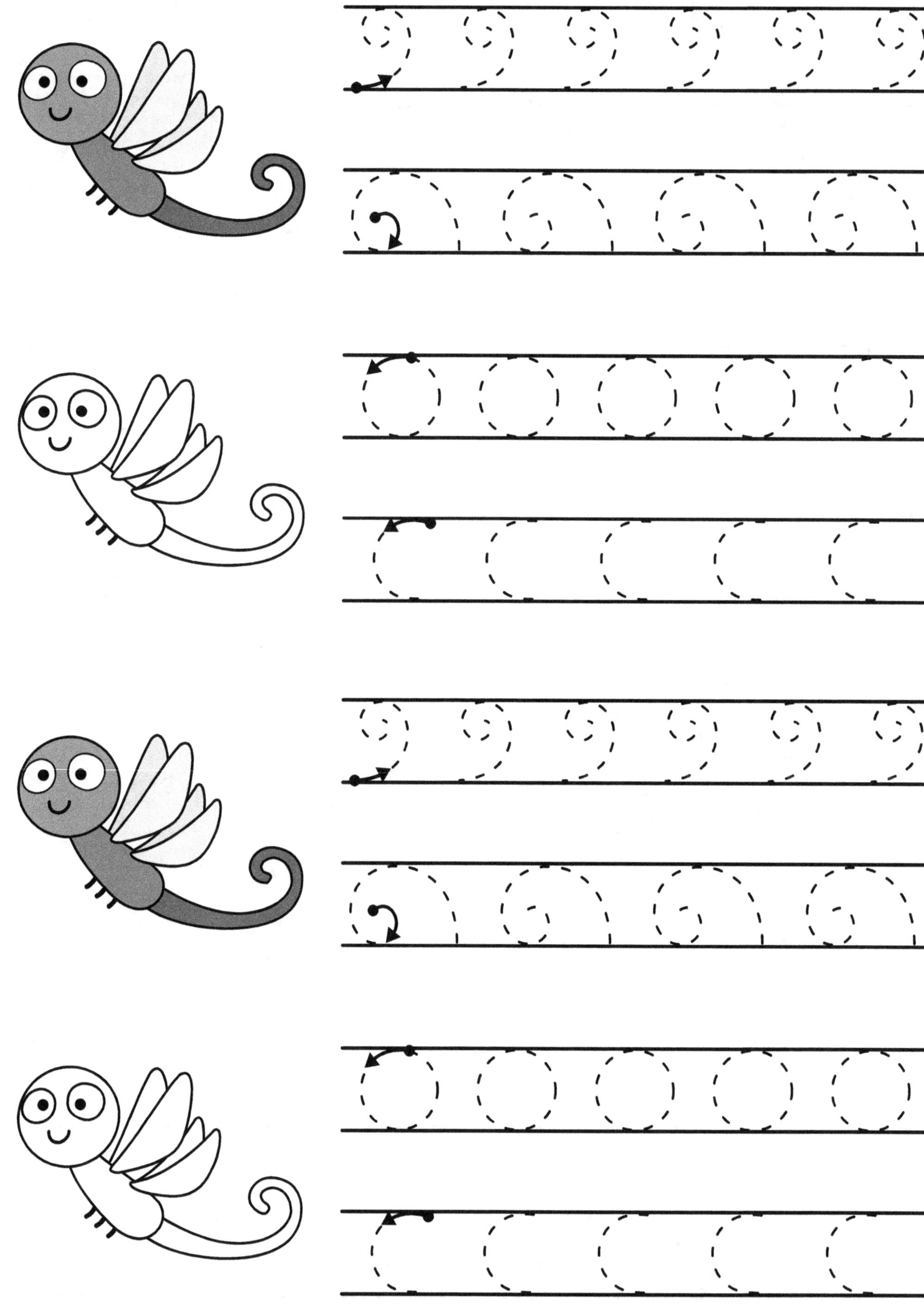

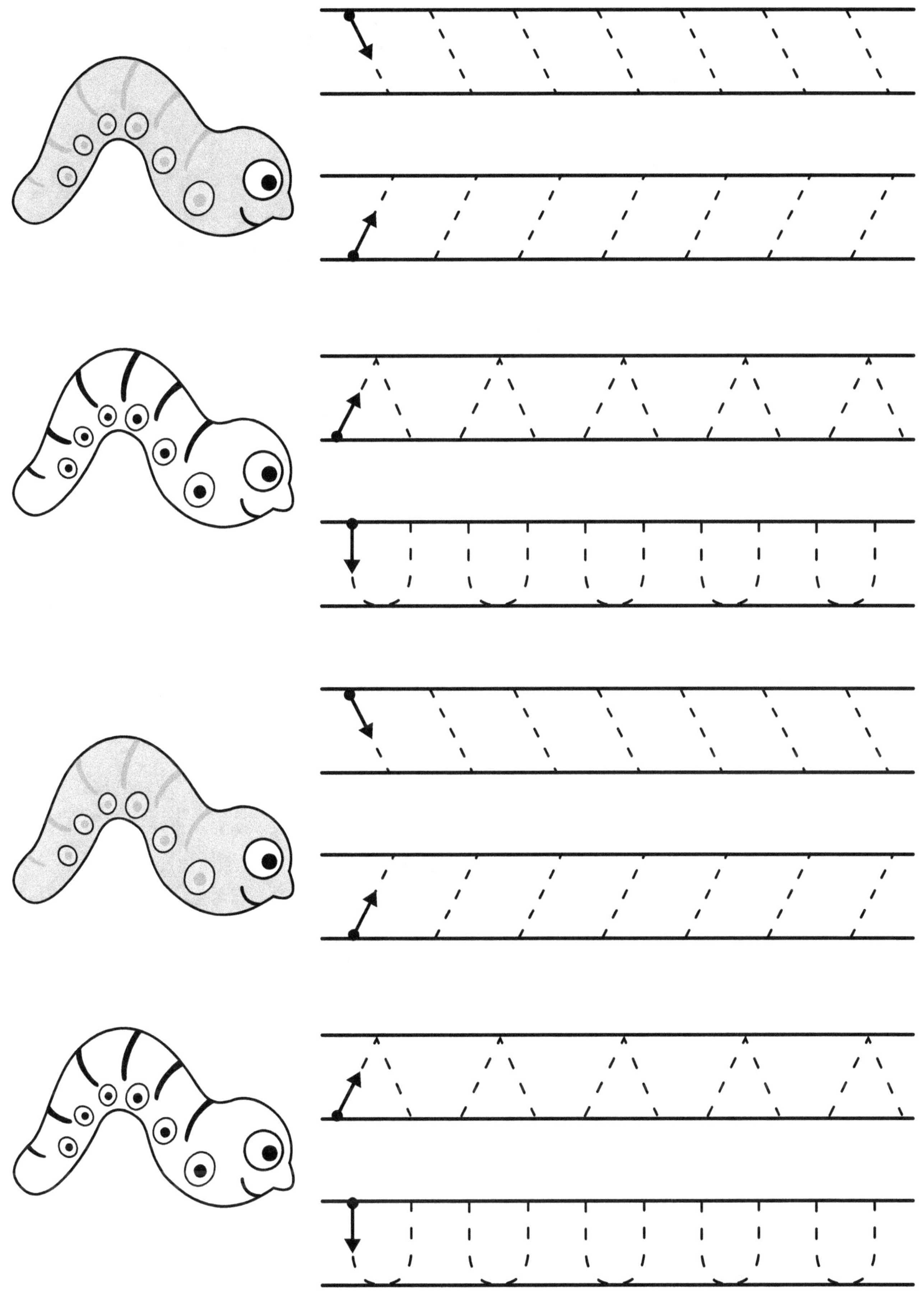

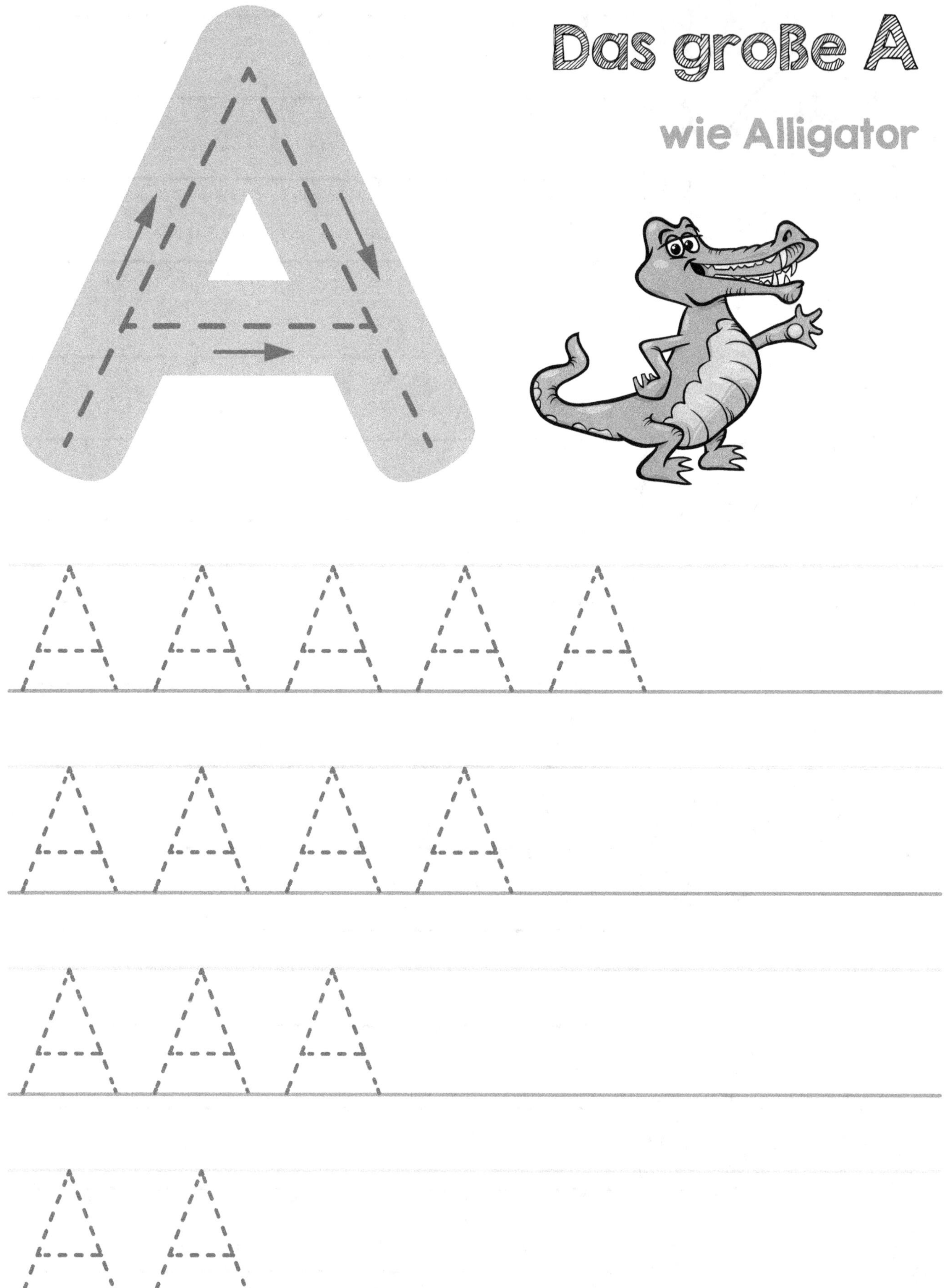

Das große A
wie Alligator

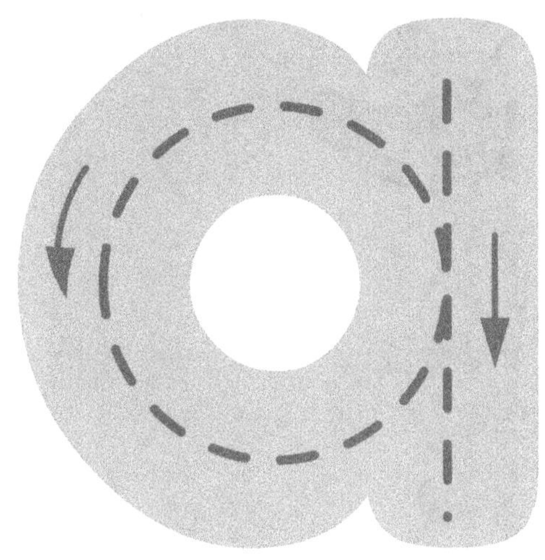

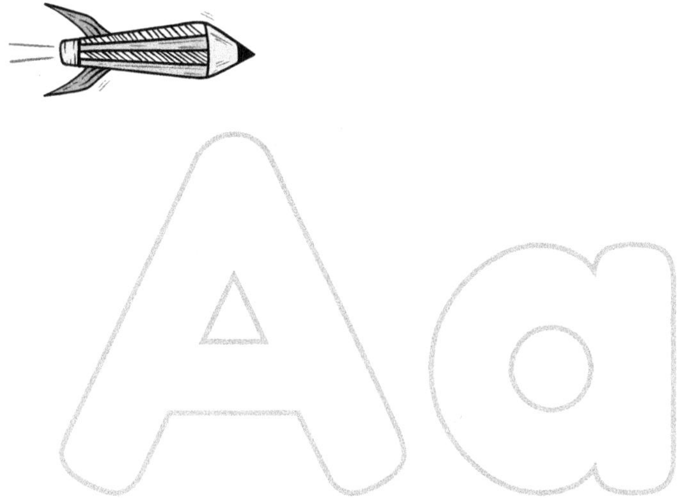

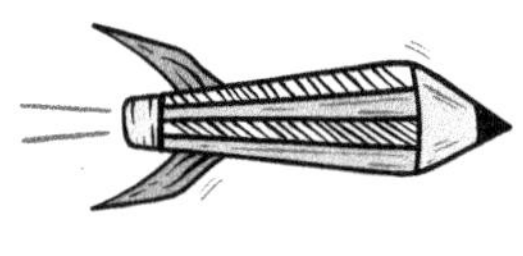

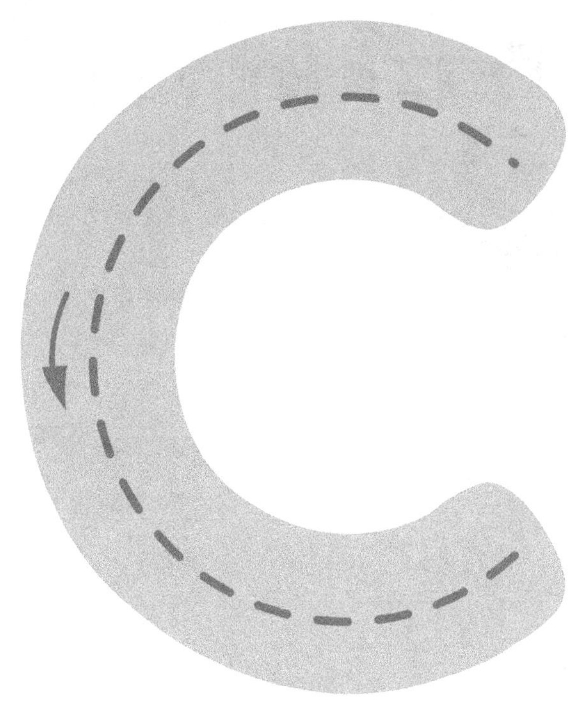

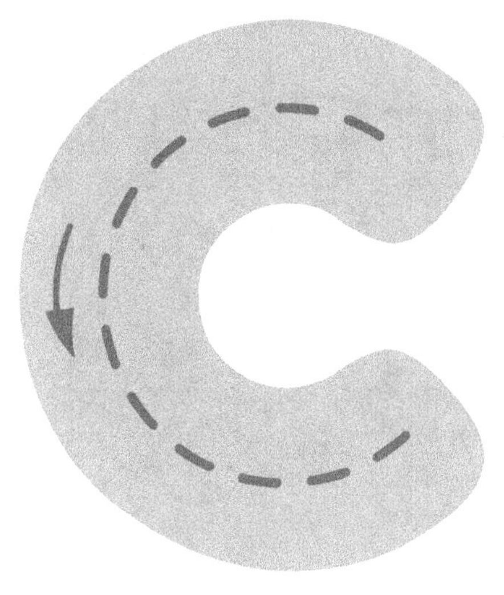

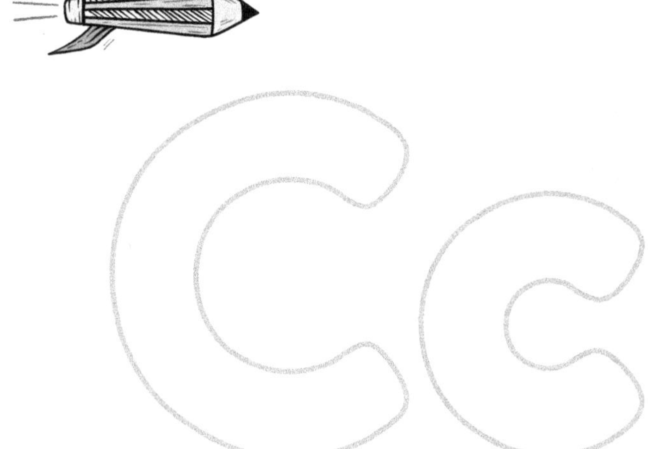

Das große D

wie Dachs

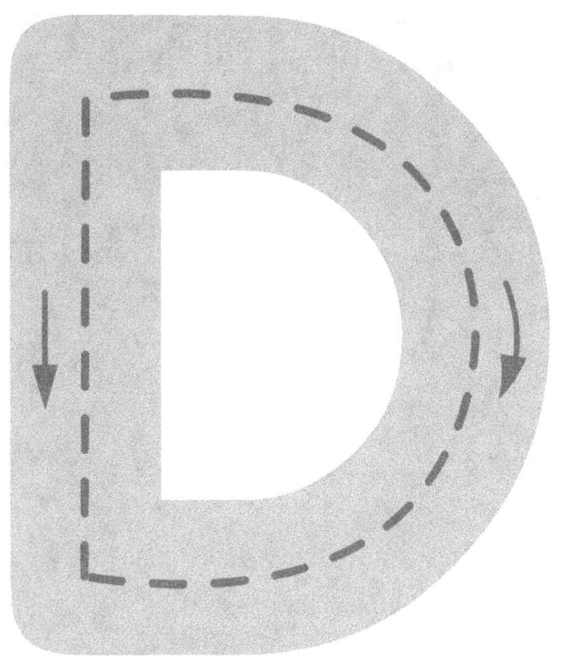

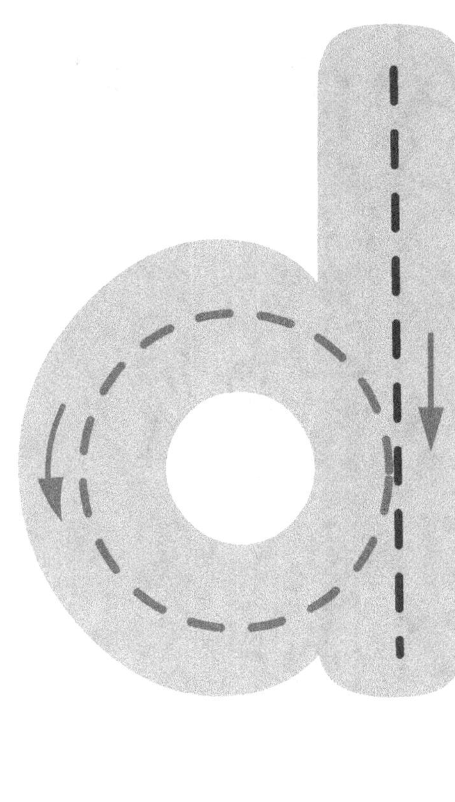

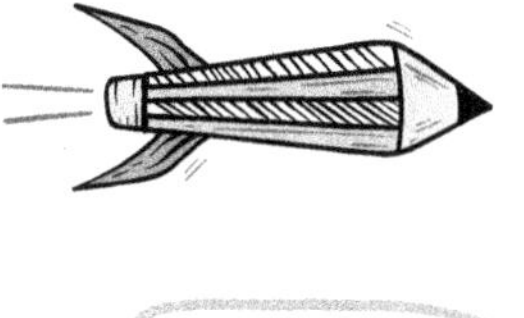

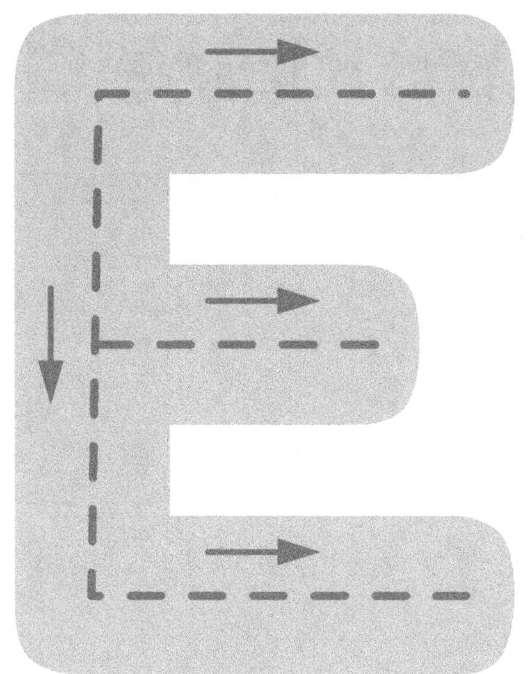

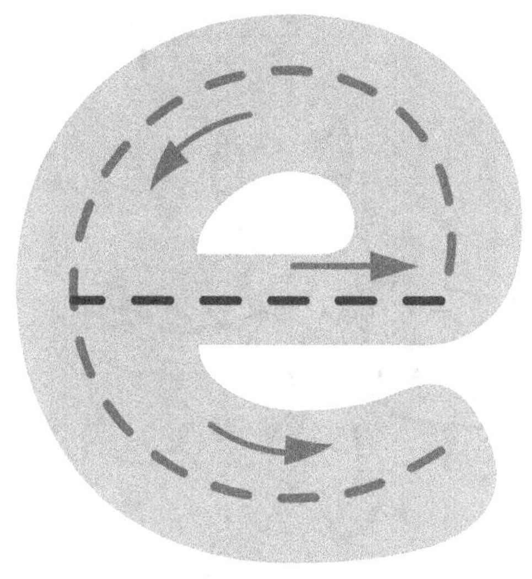

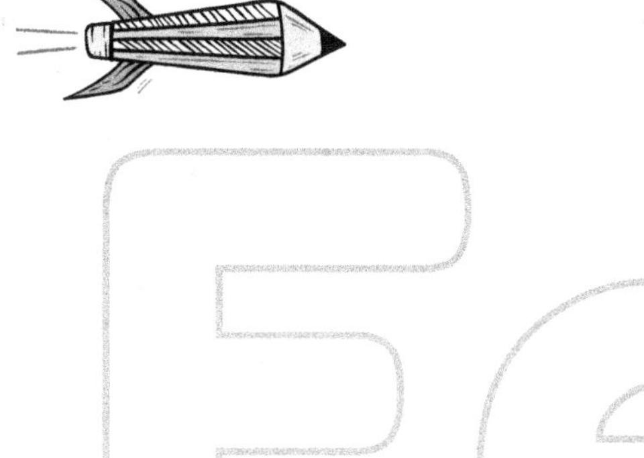

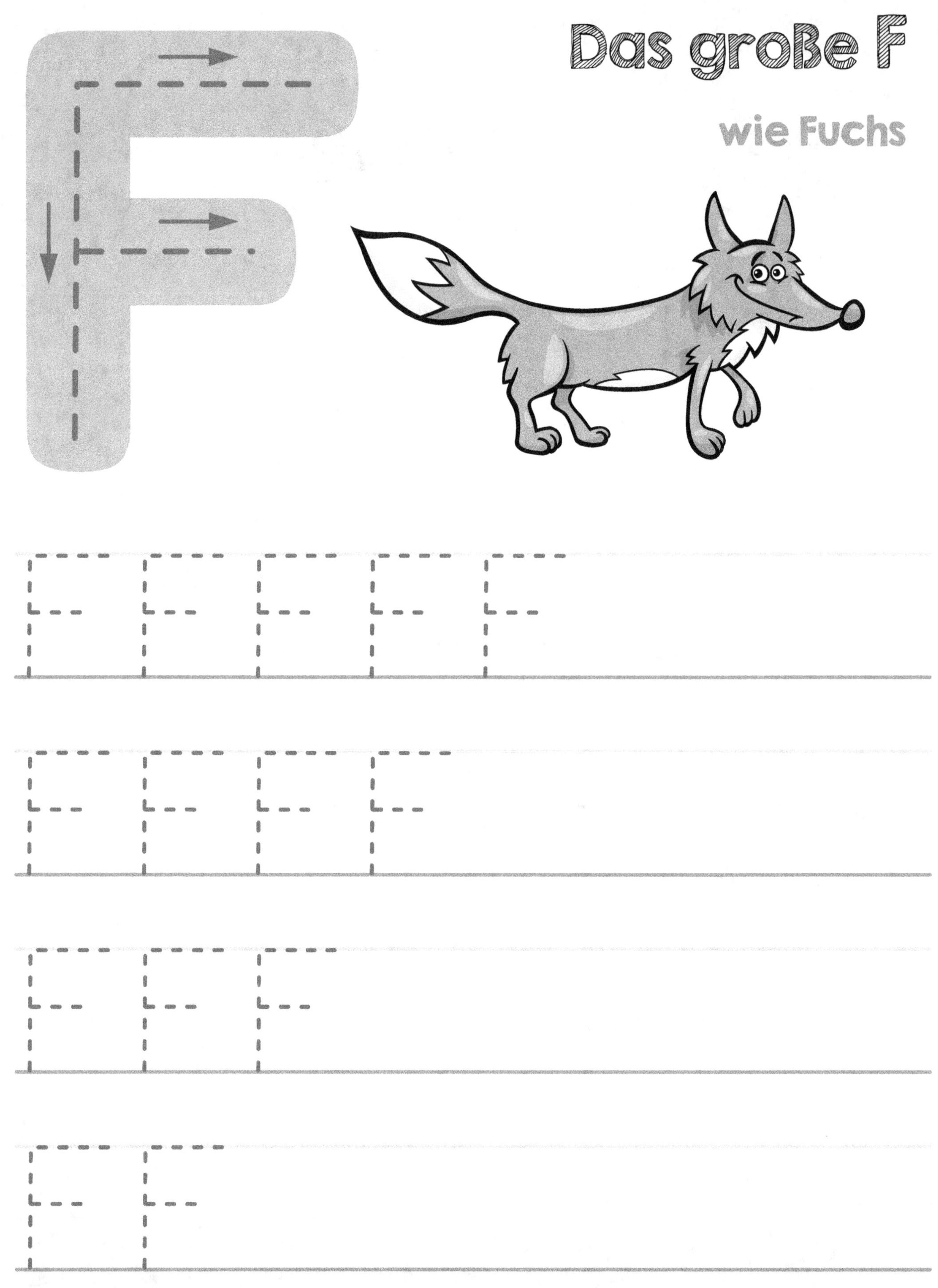

Das große F
wie Fuchs

Das kleine f

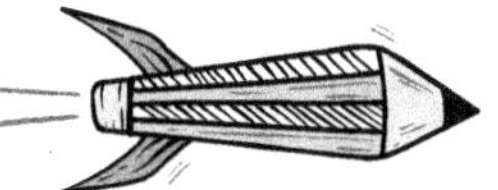

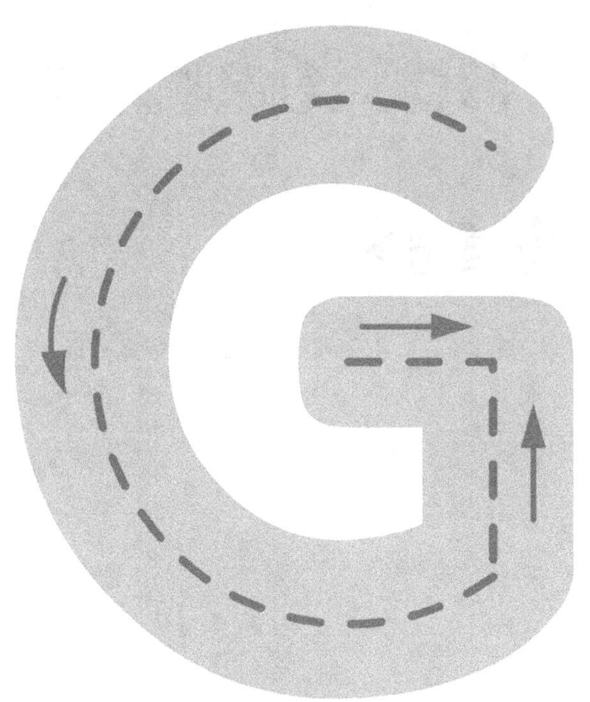

Das große G

wie Gorilla

G G G G G

G G G G

G G G

G G

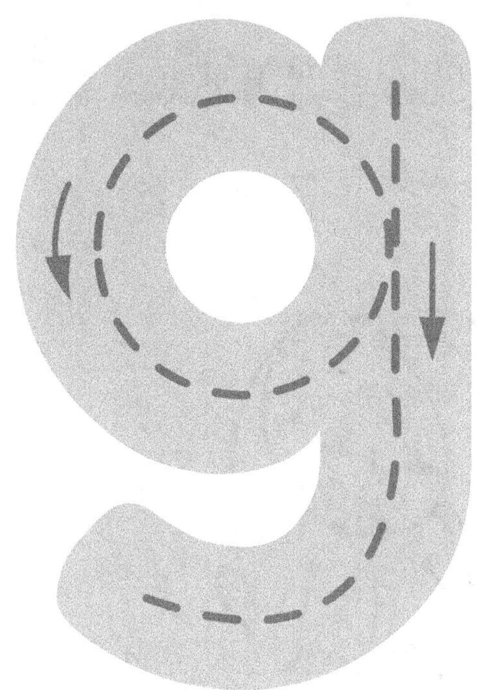

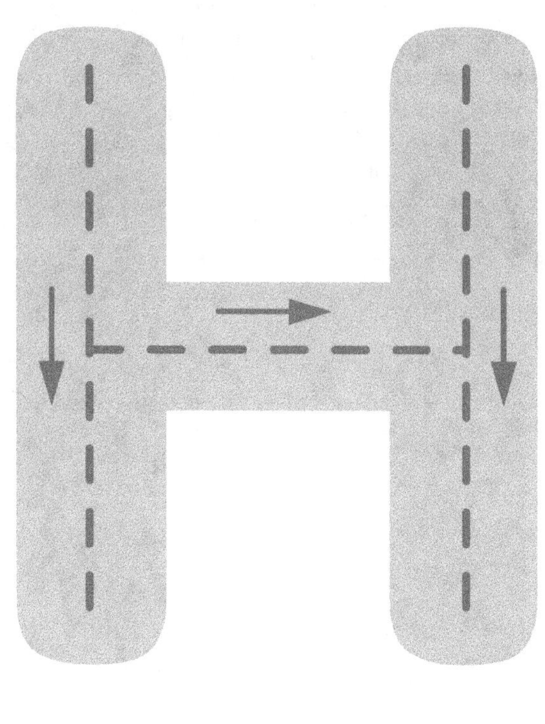

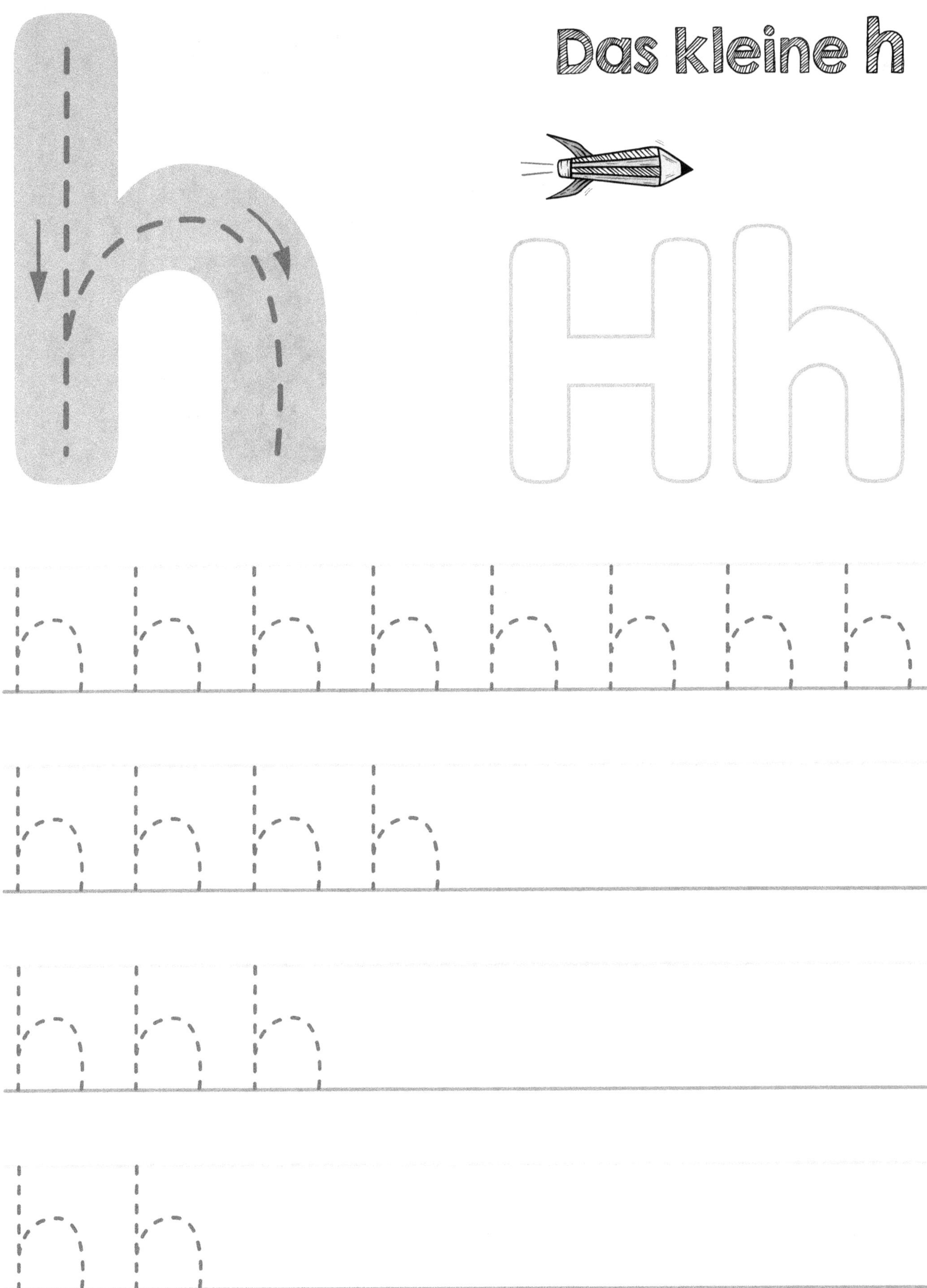

Das kleine h

wie Igel

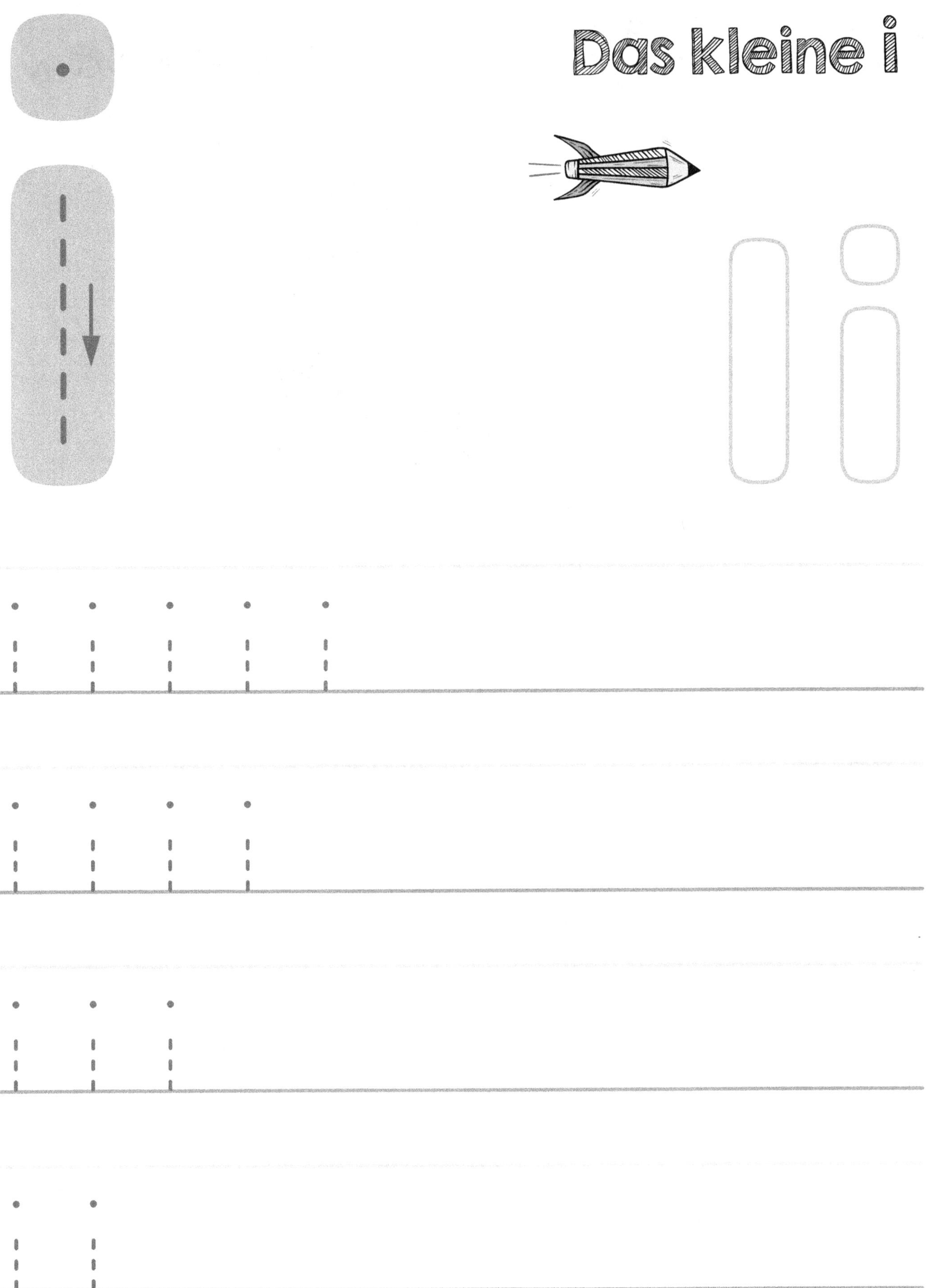

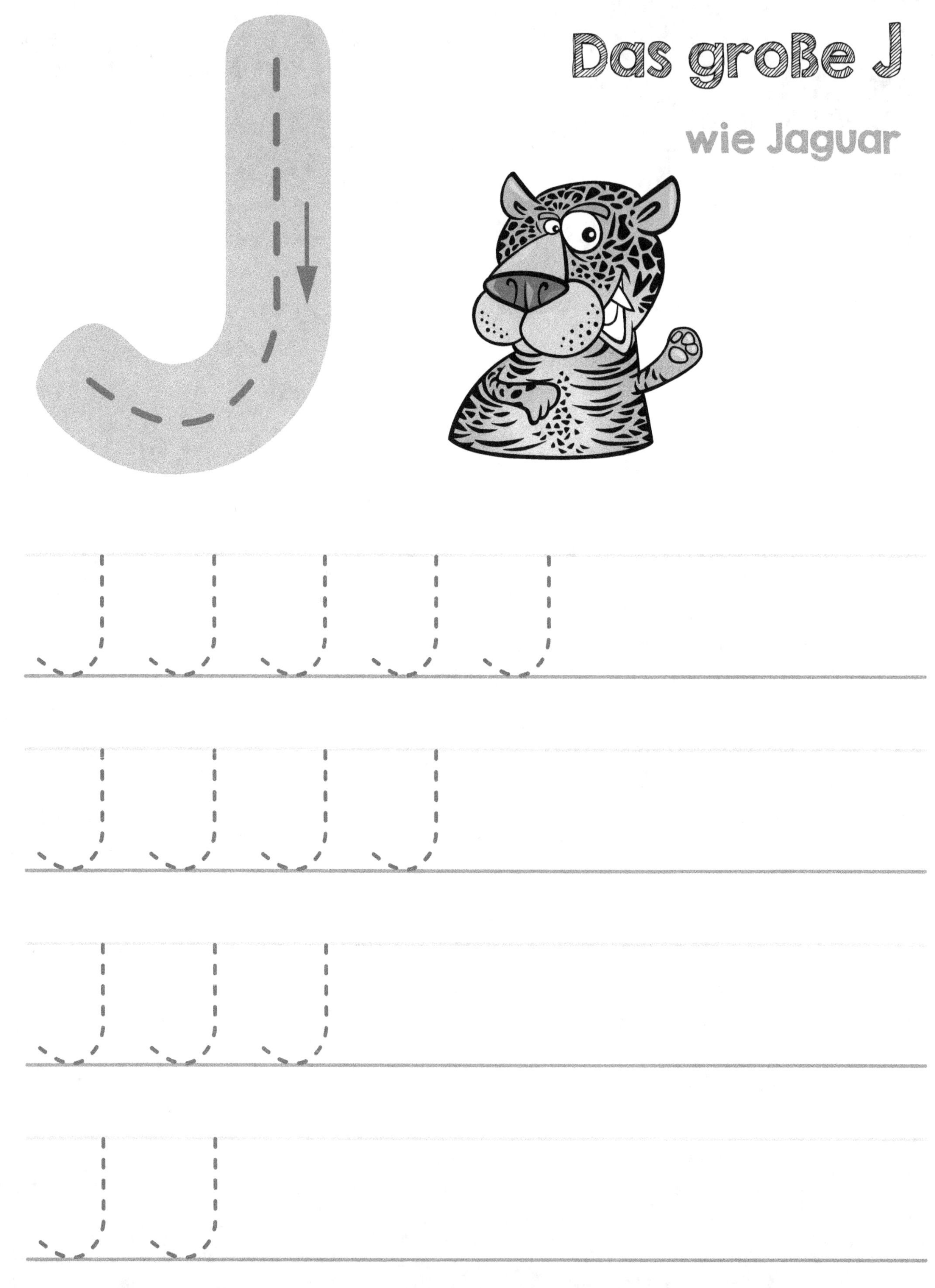

Das große J
wie Jaguar

Das kleine j

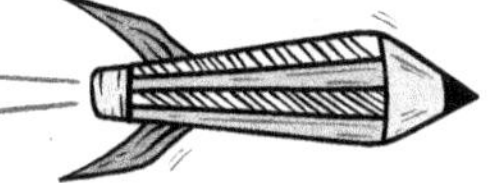

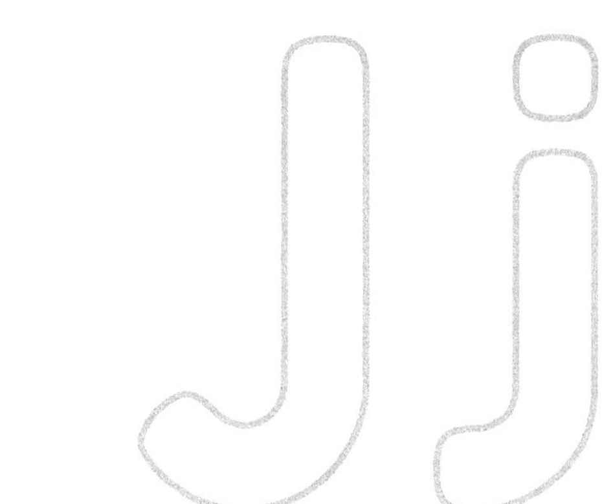

wie Känguru

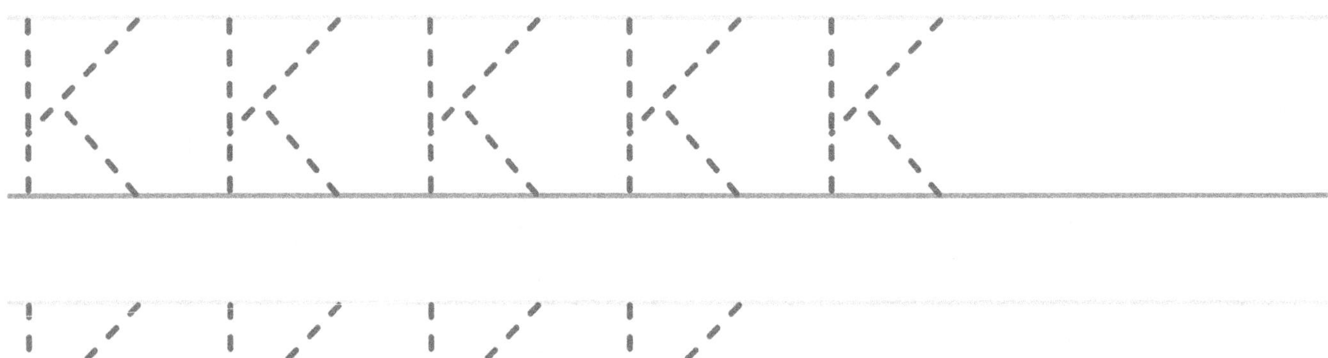

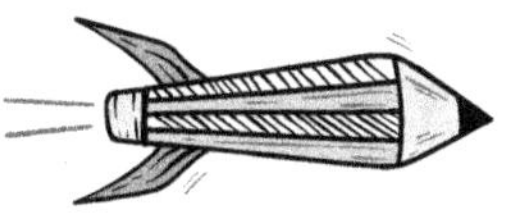

wie Löwe

Das große M

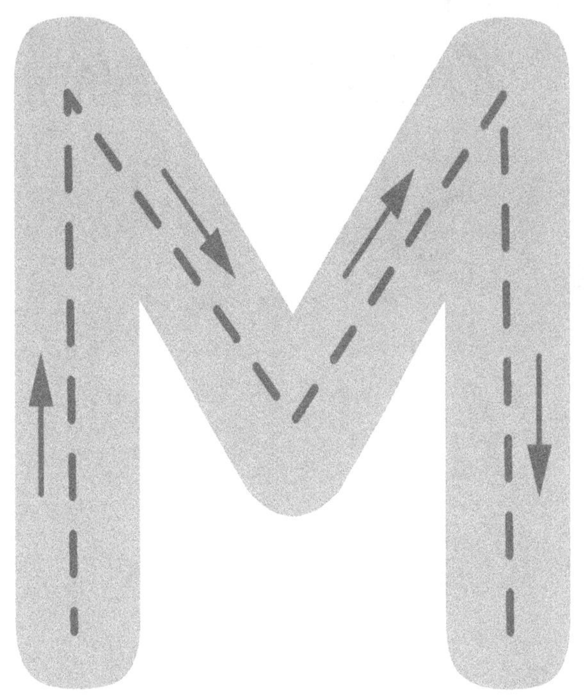

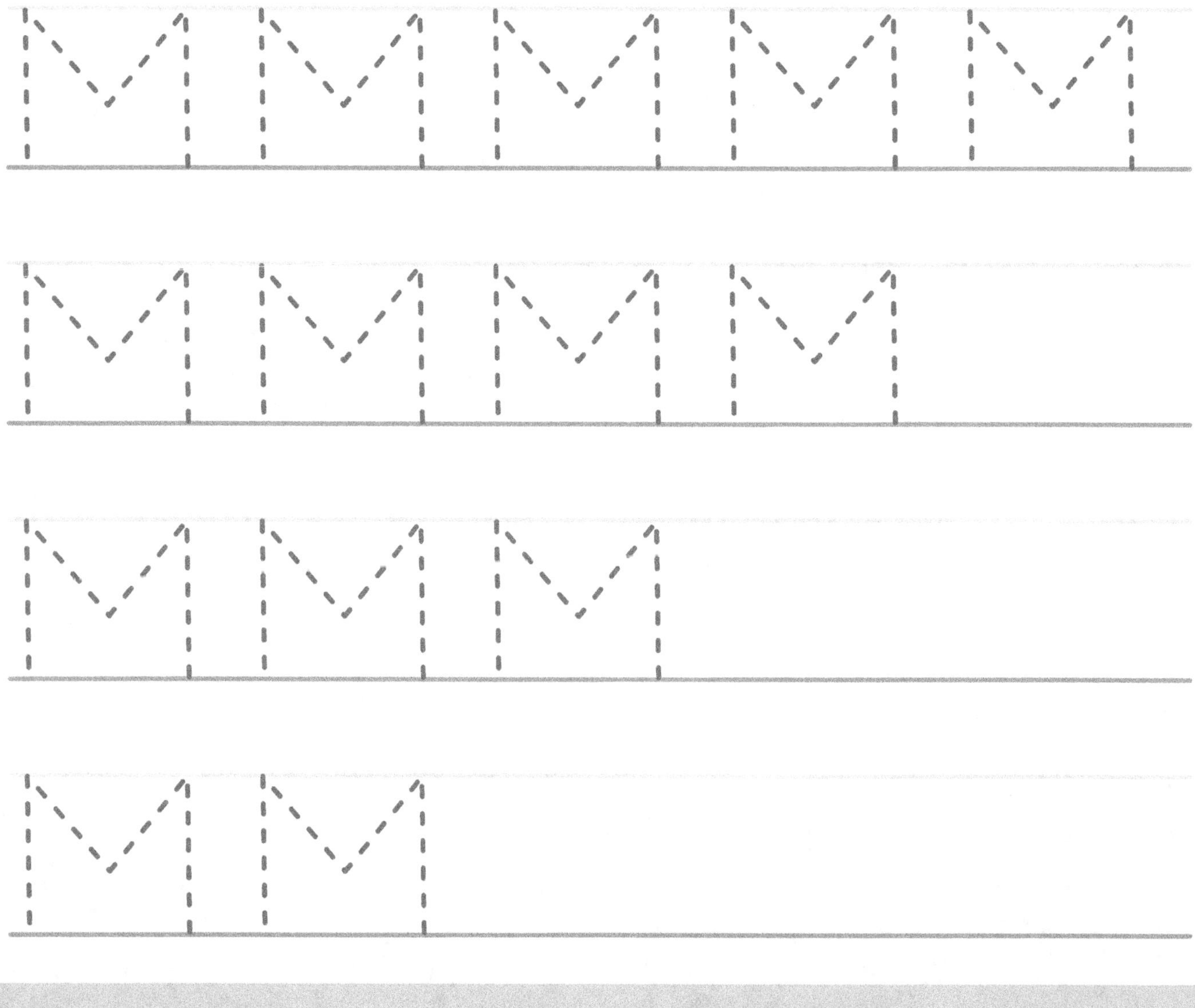

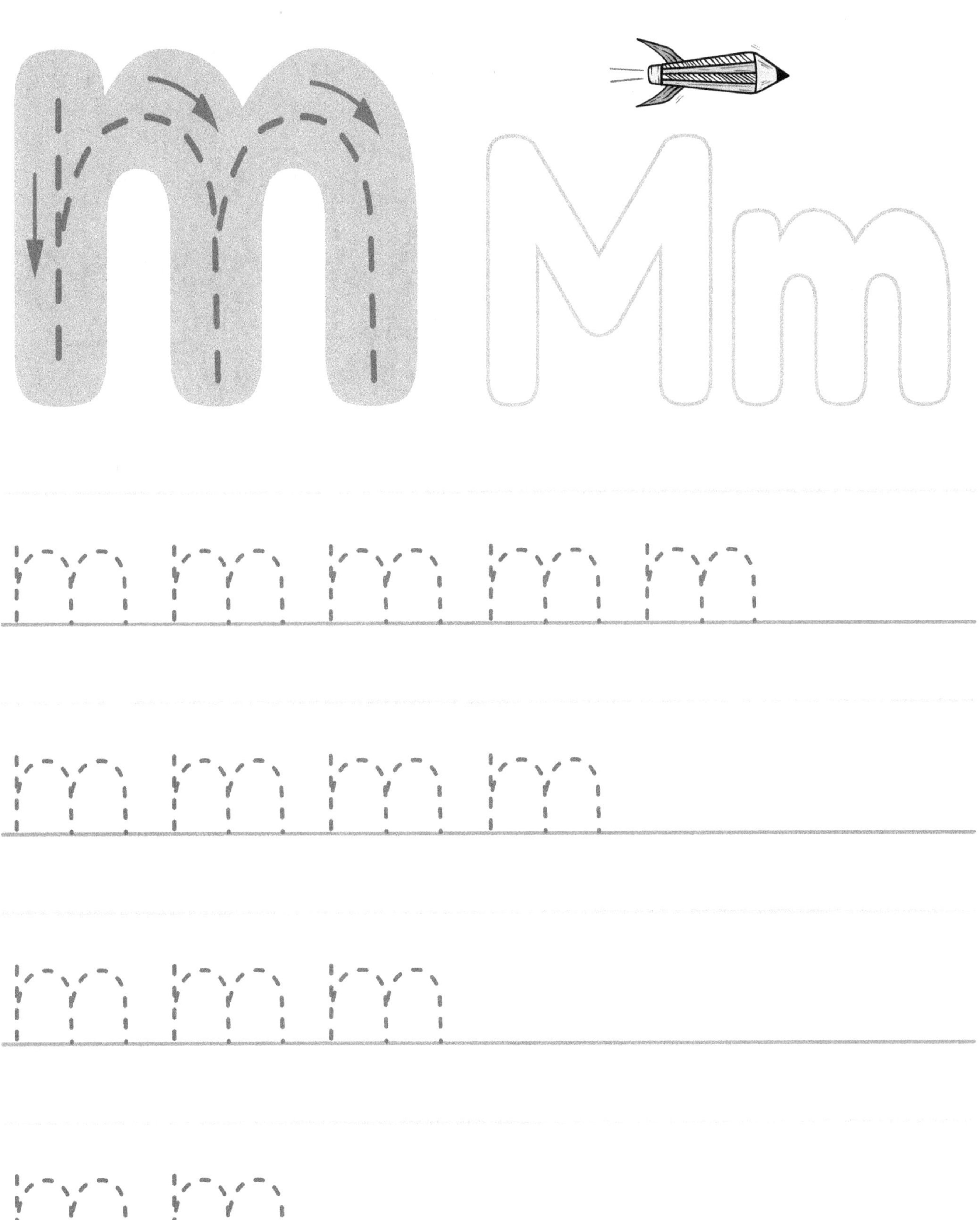

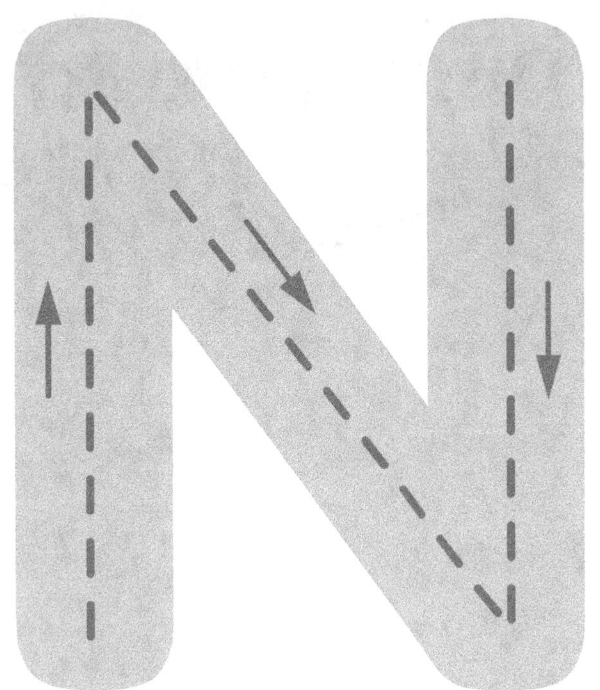

Das große N

wie Nashorn

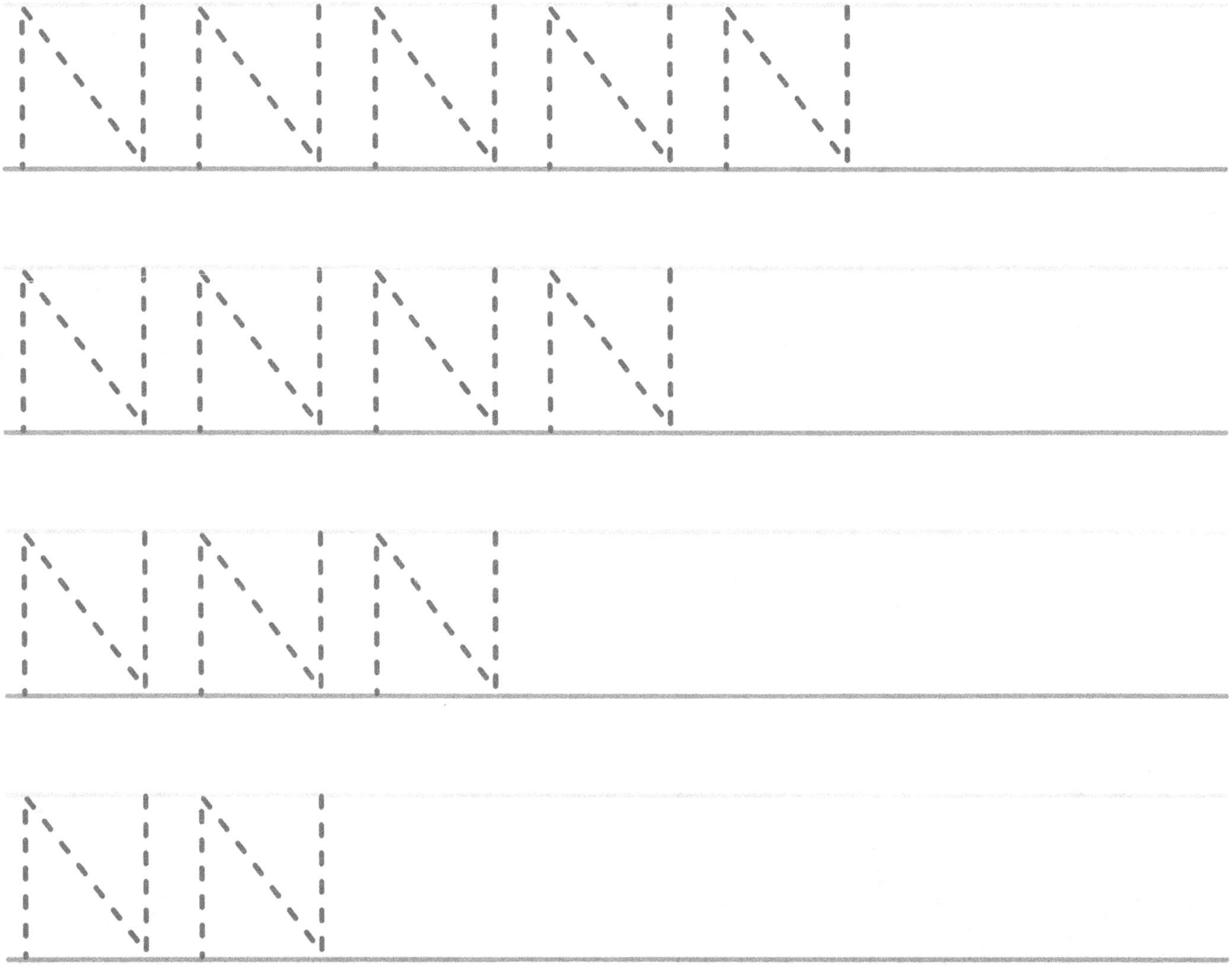

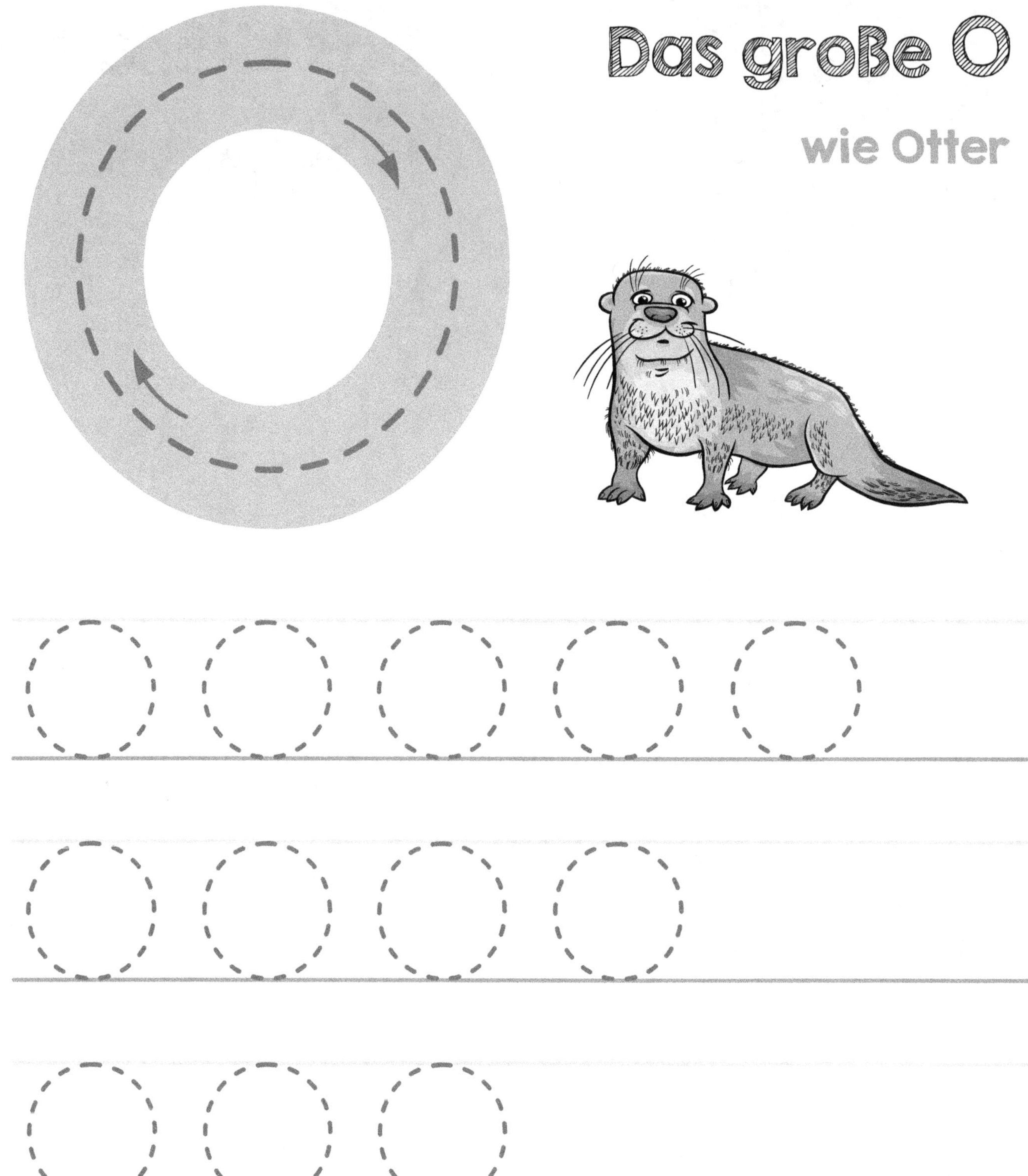

Das große O
wie Otter

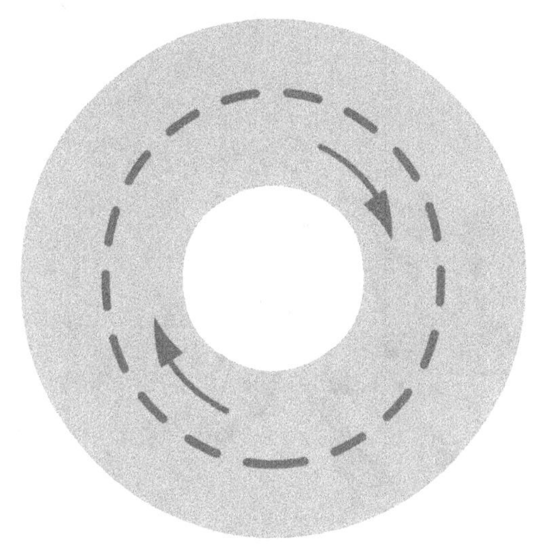

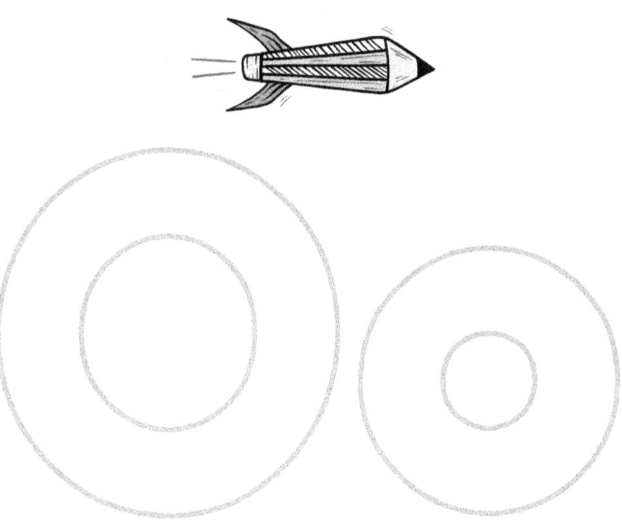

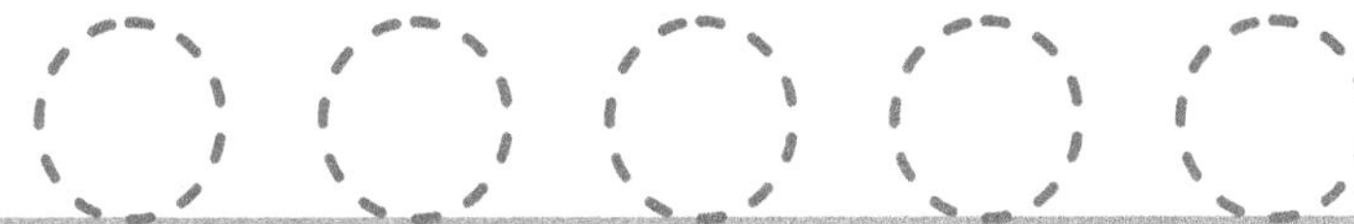

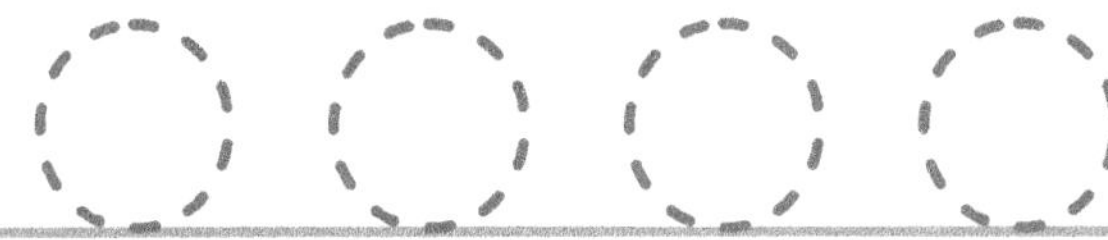

Das große P

wie Pferd

Das kleine p

Pp

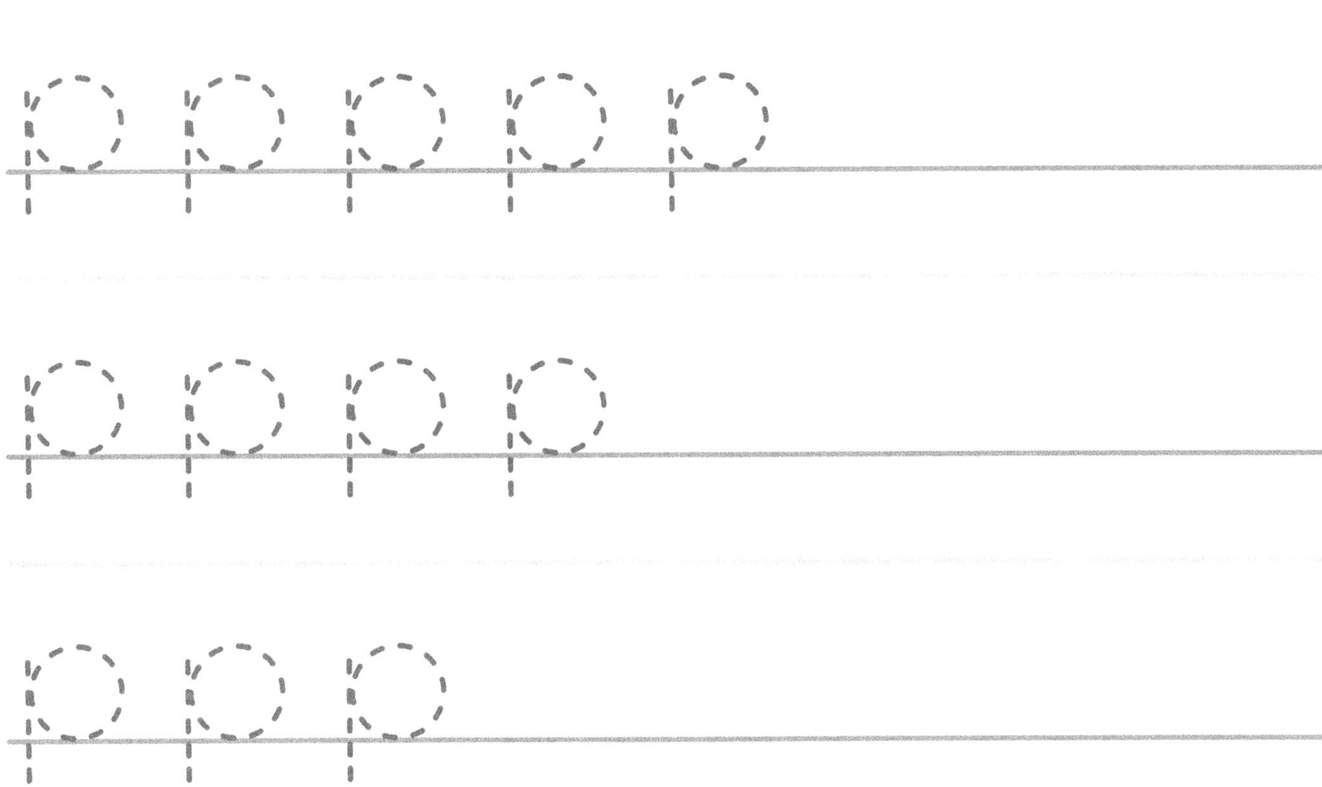

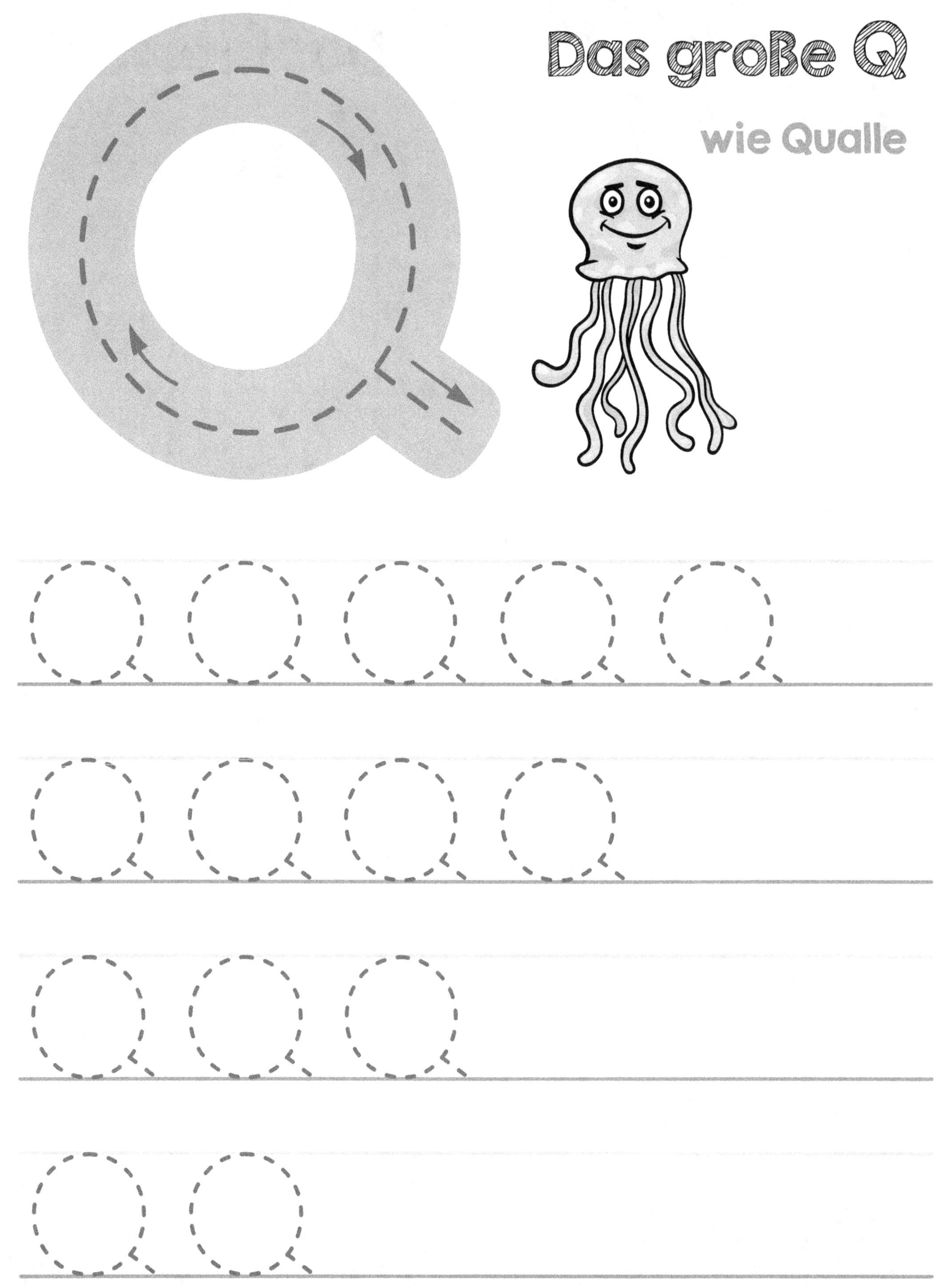

Das große Q
wie Qualle

Das kleine q

Qq

q q q q q

q q q q

q q q

q q

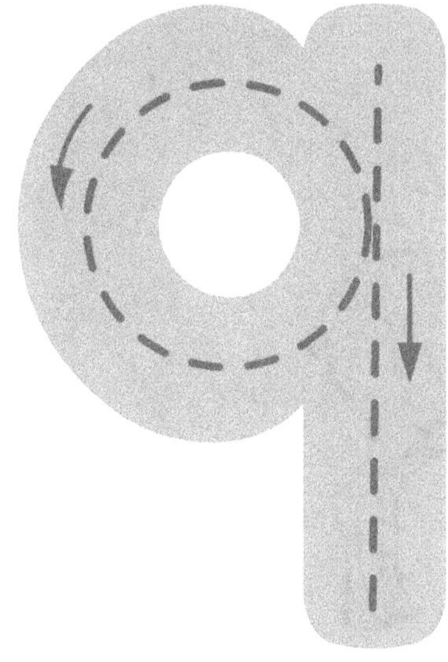

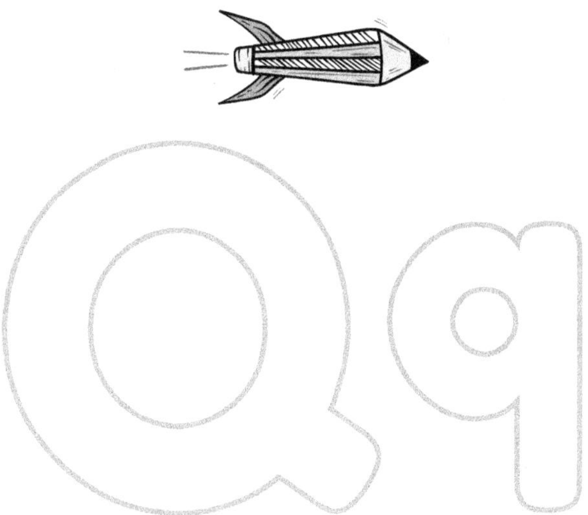

Das große R

wie Reh

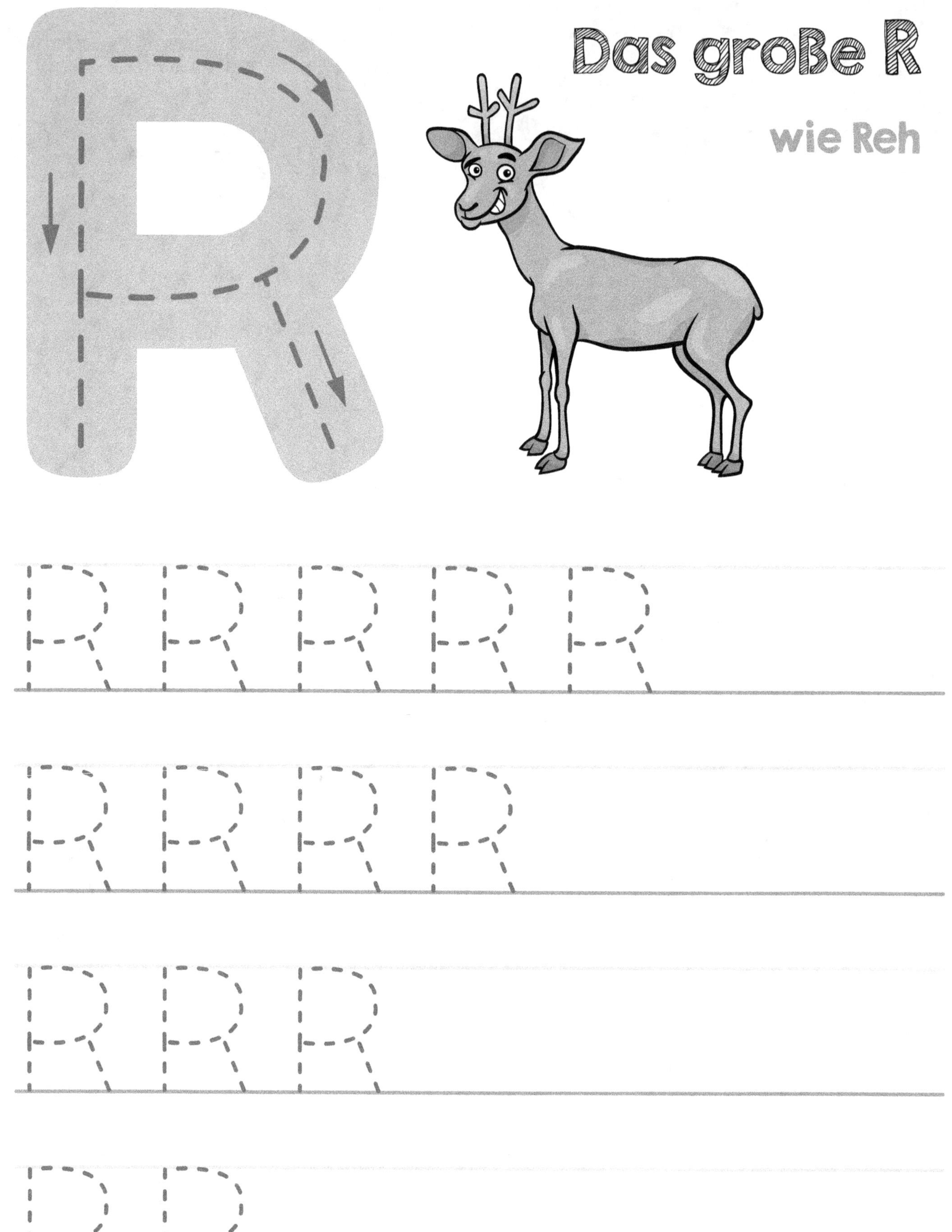

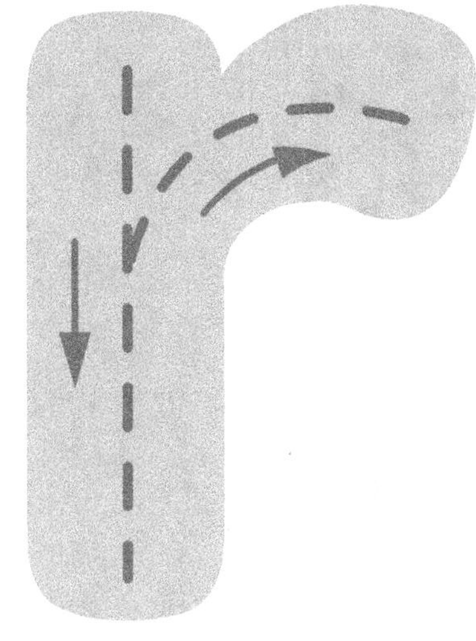

r r r r r

r r r r

r r r

r r

wie Schwein

s s s s s

s s s s

s s s

s s

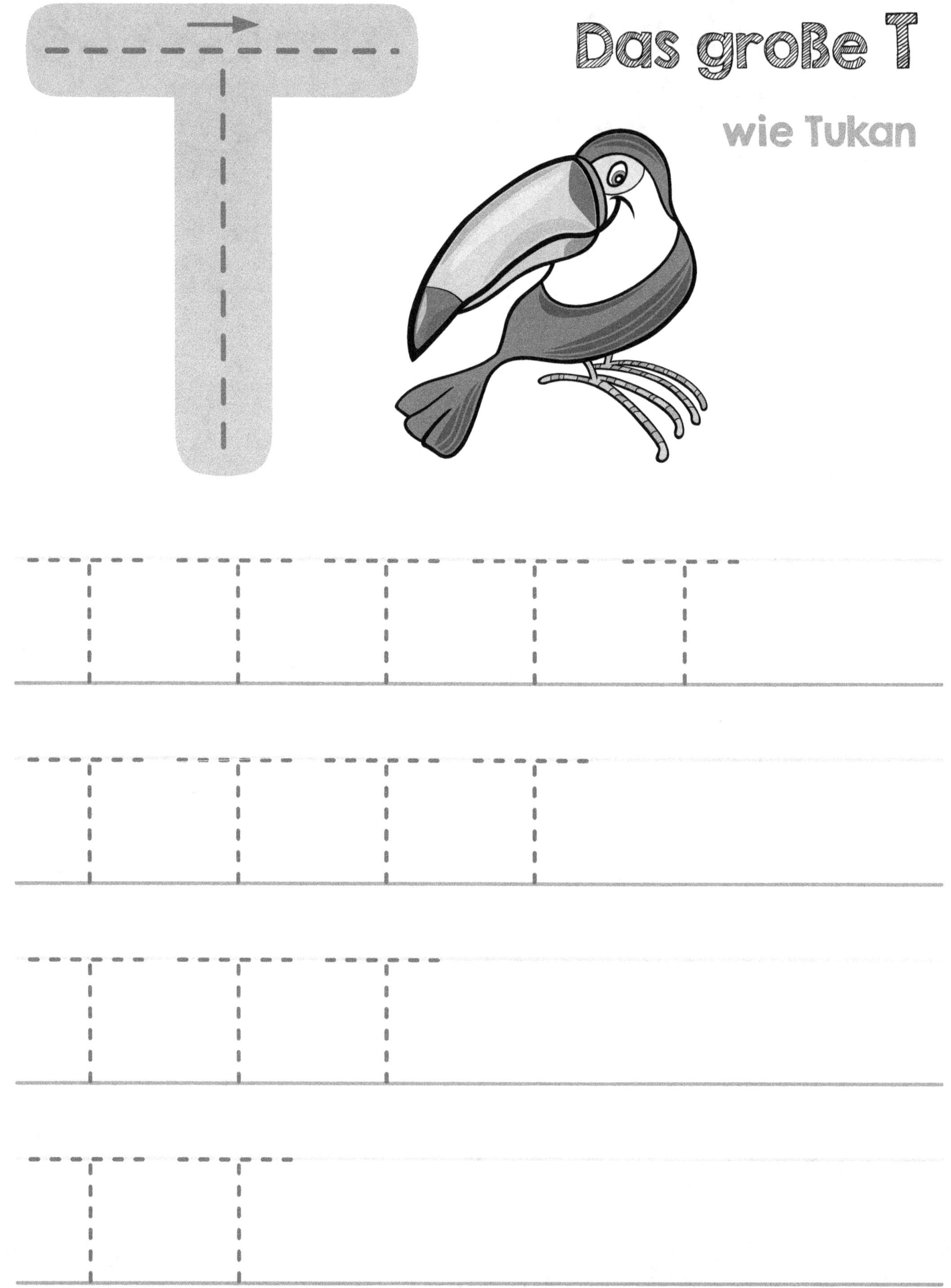

Das große T
wie Tukan

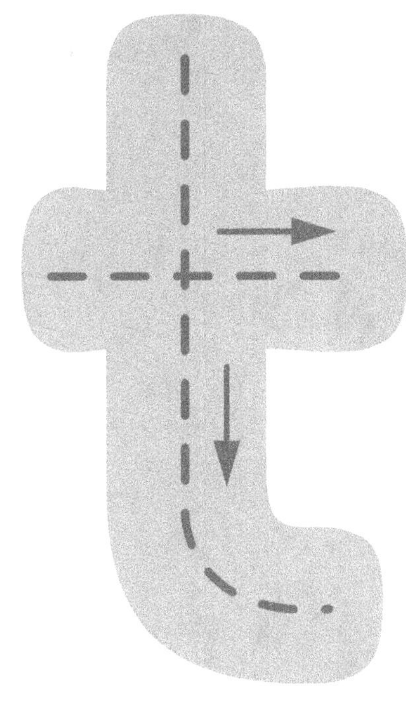

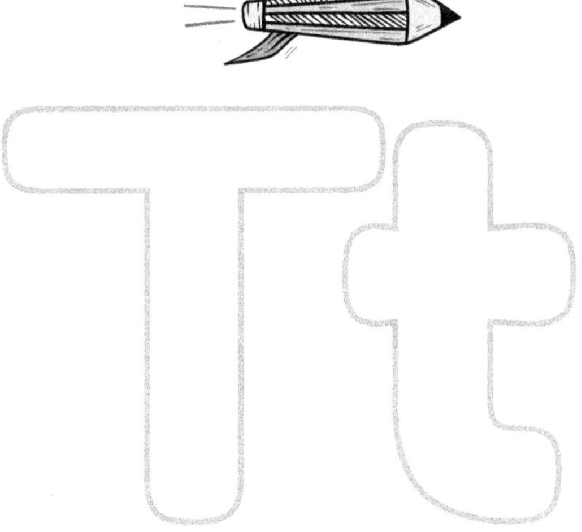

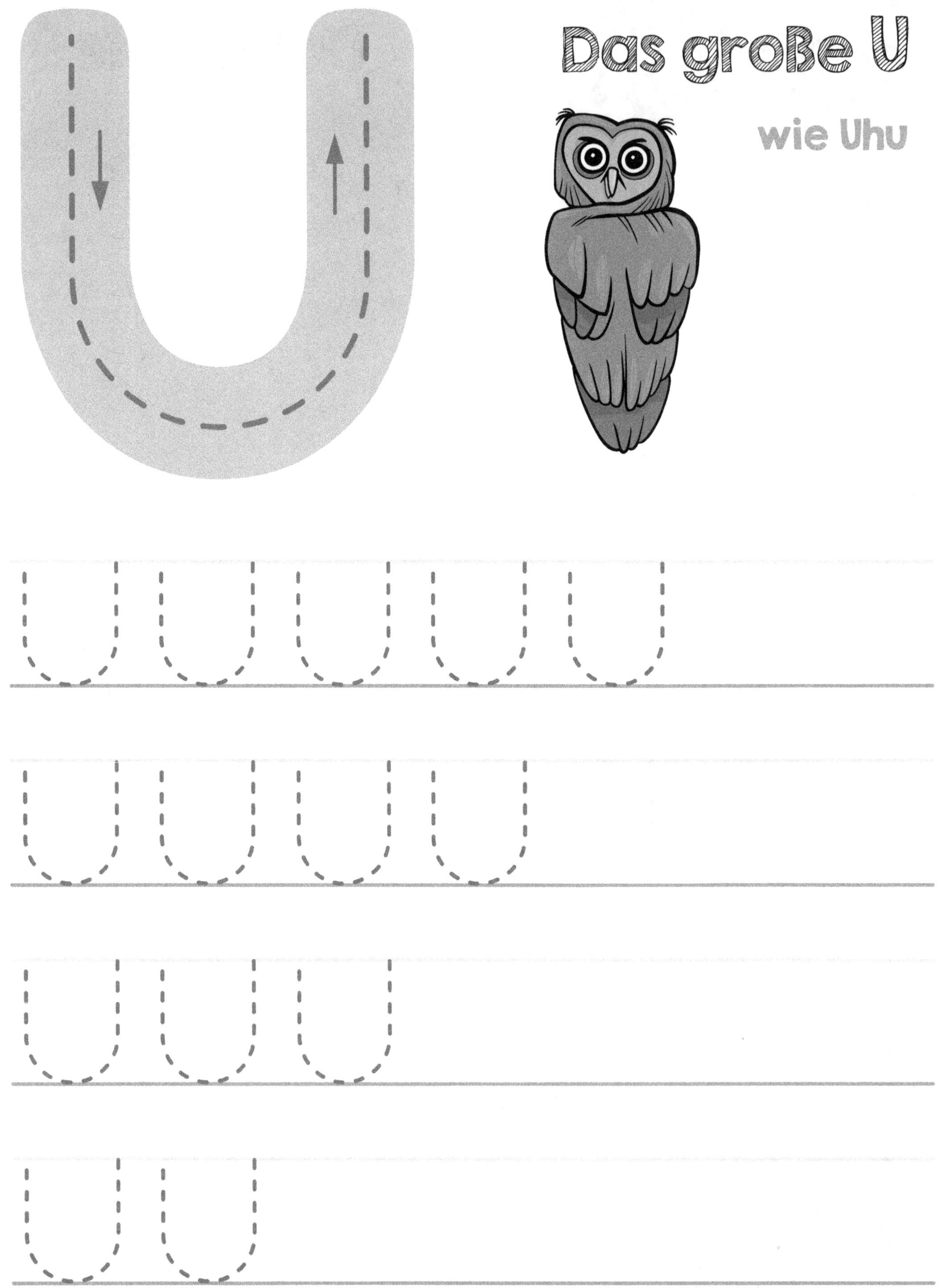

Das große U
wie Uhu

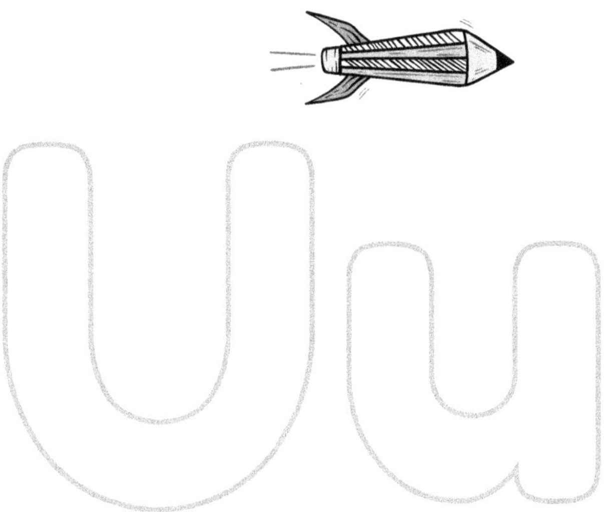

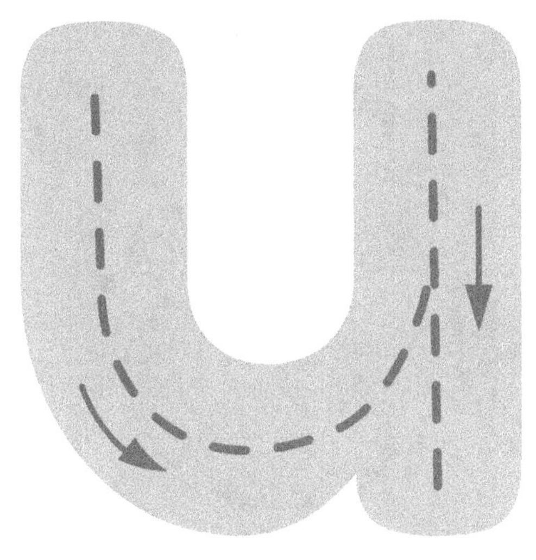

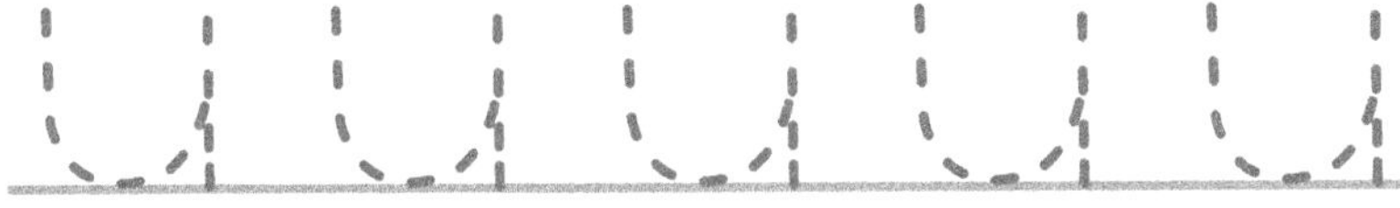

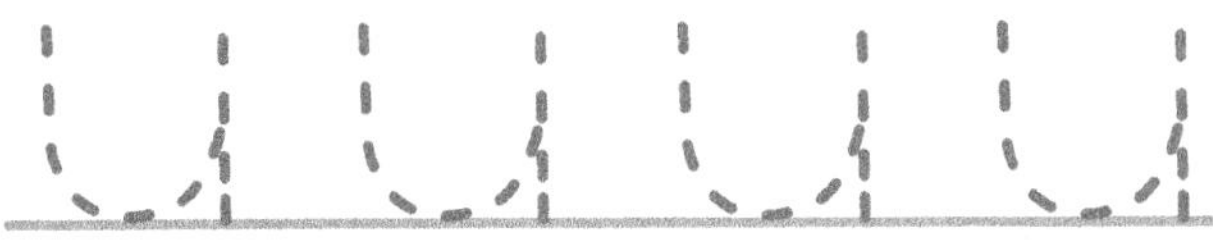

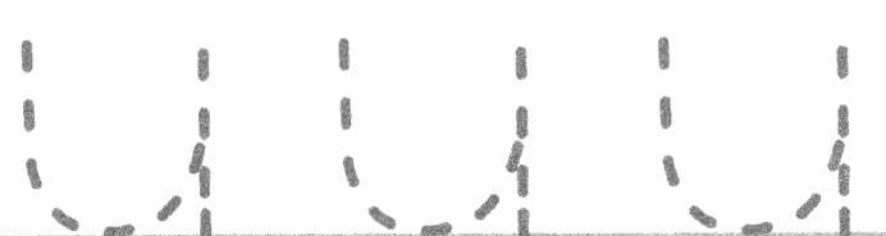

Das große V

wie Viper

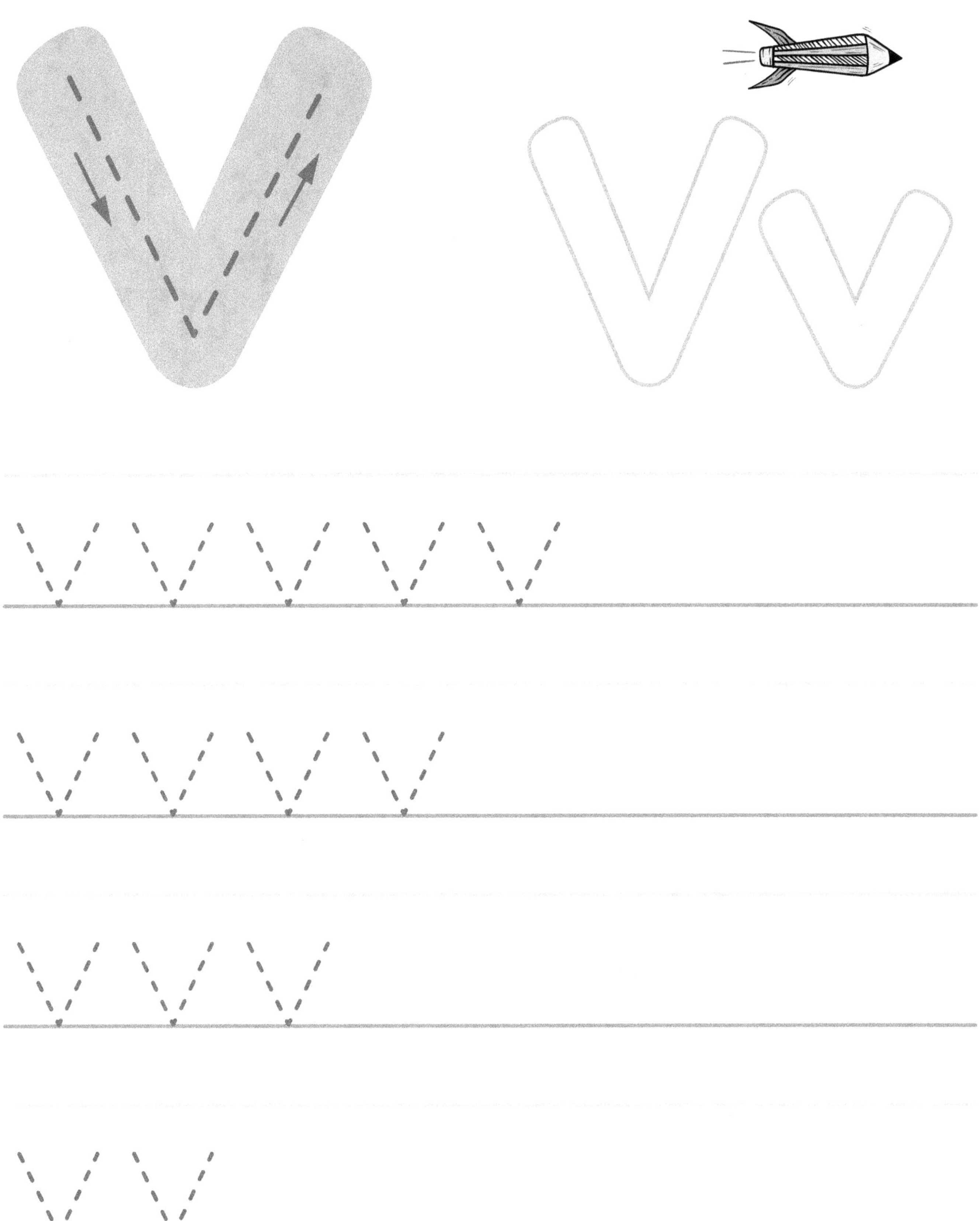

Das große W

wie Walross

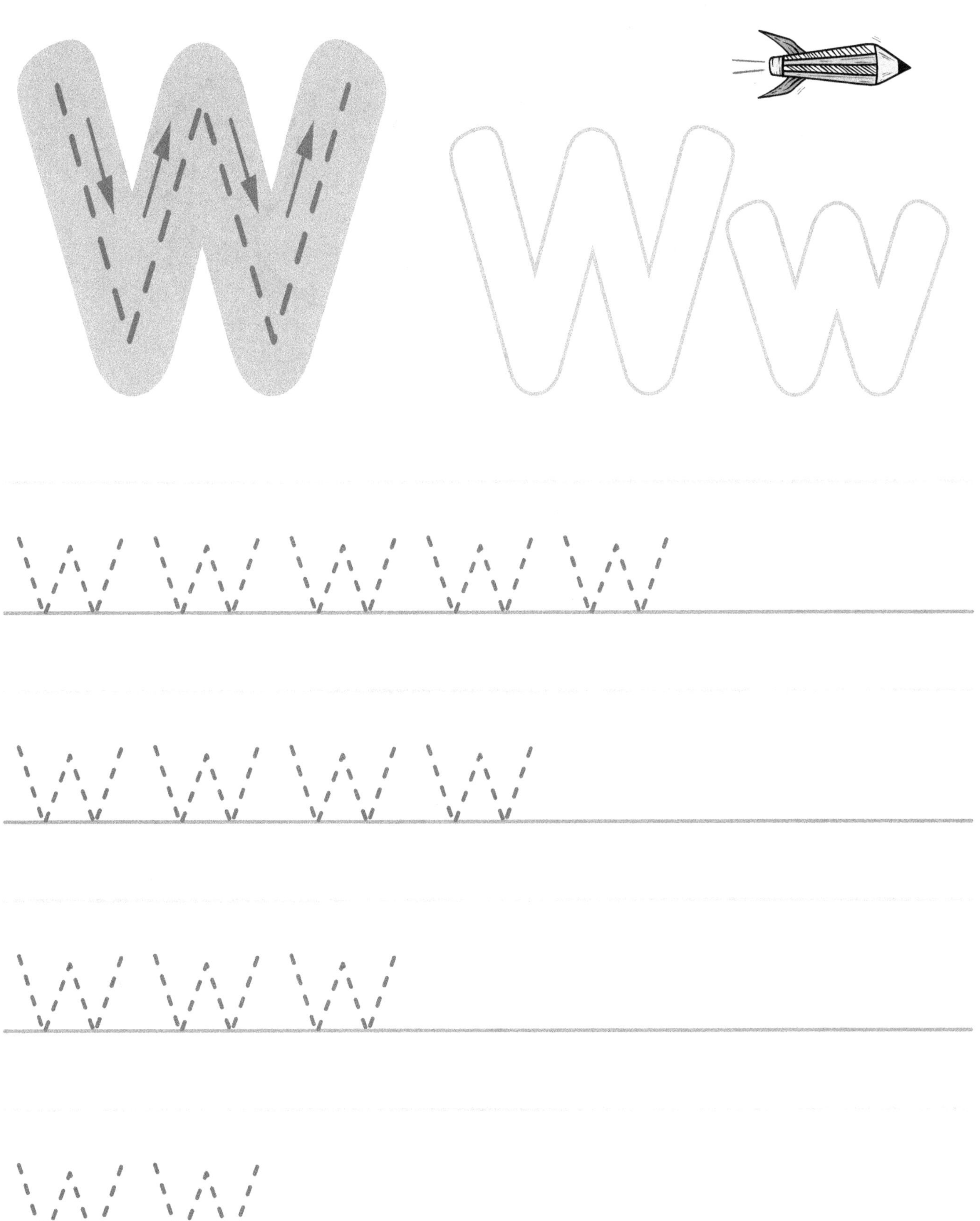

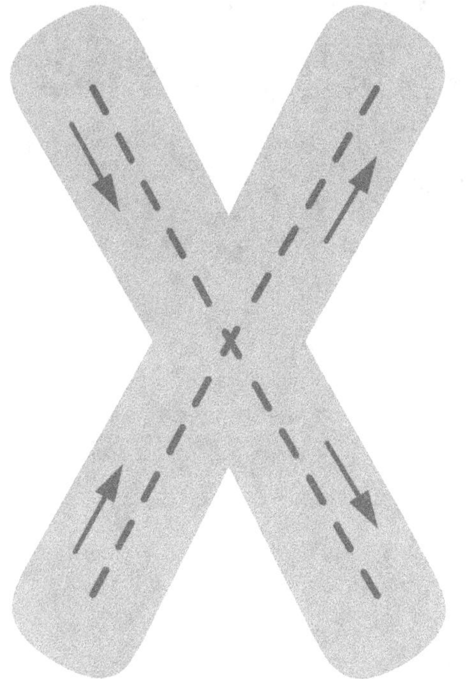

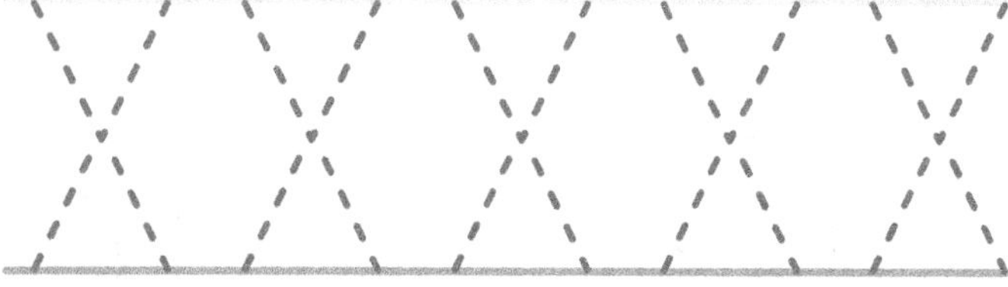

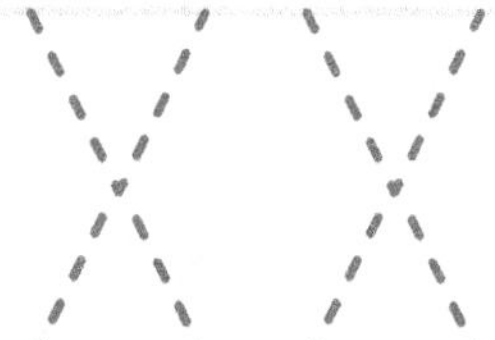

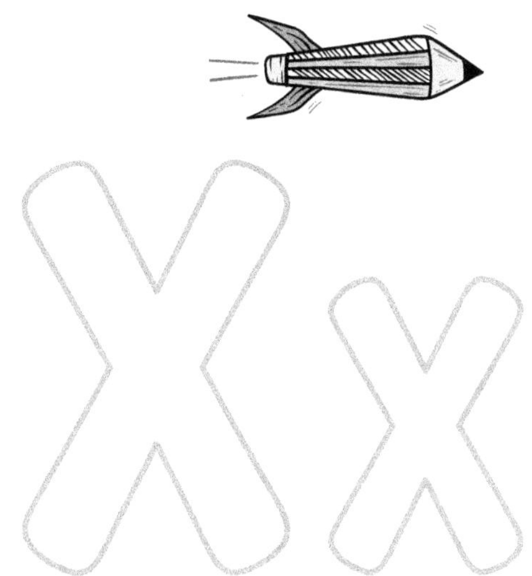

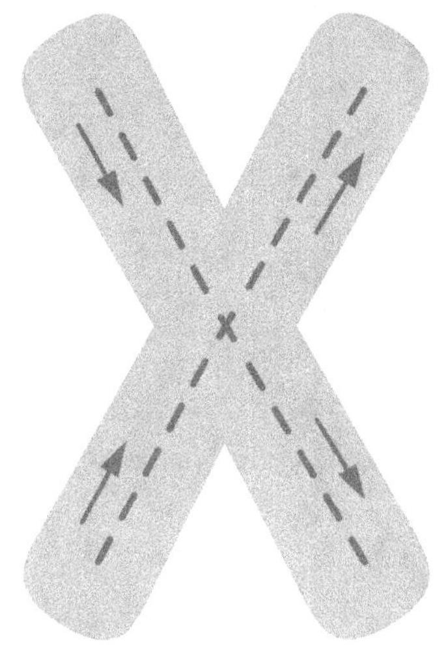

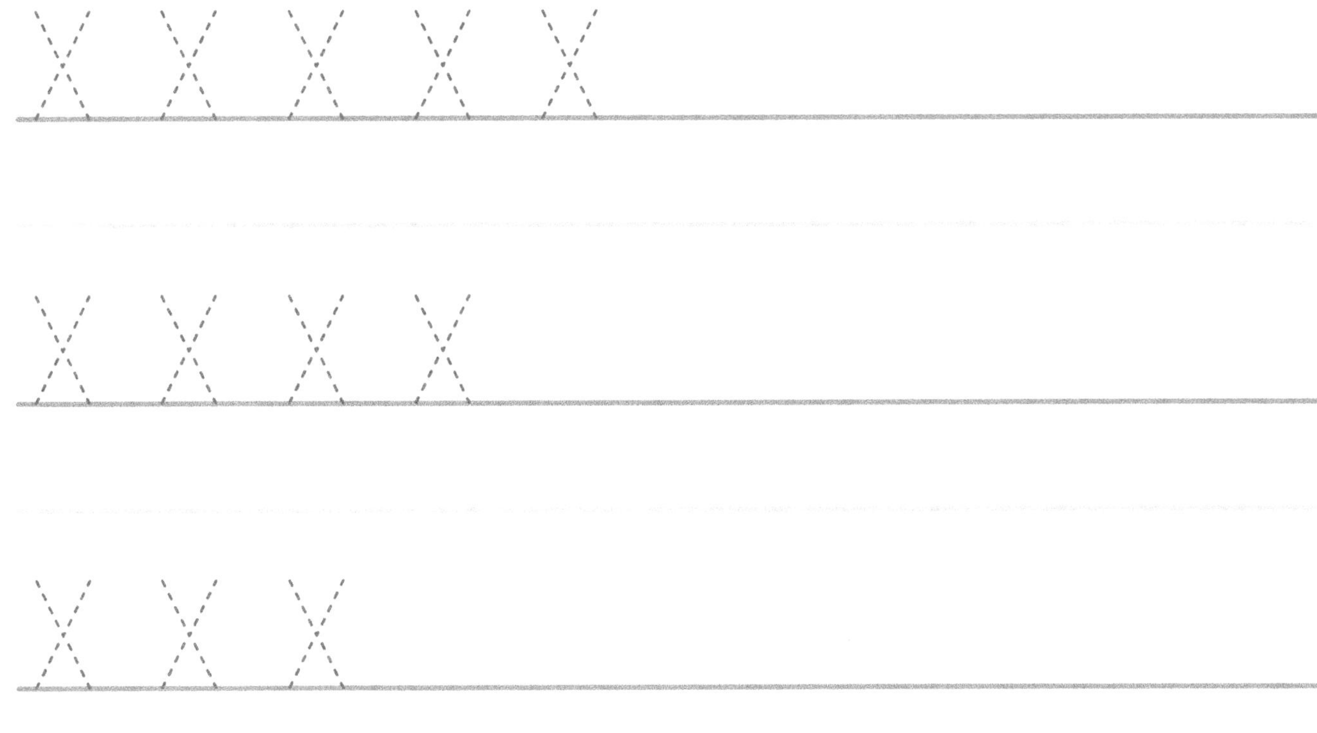

Das große Y
wie Yak

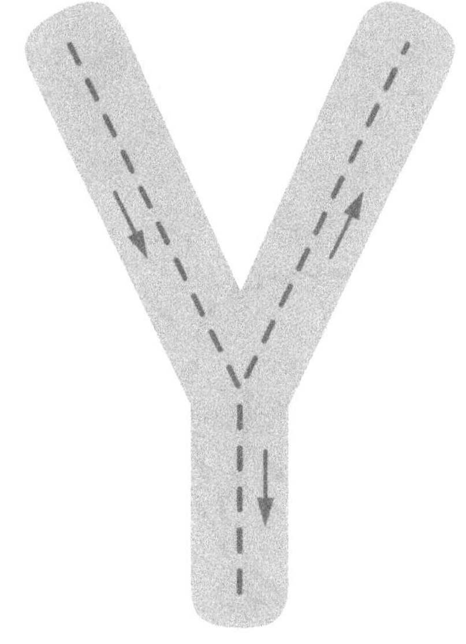

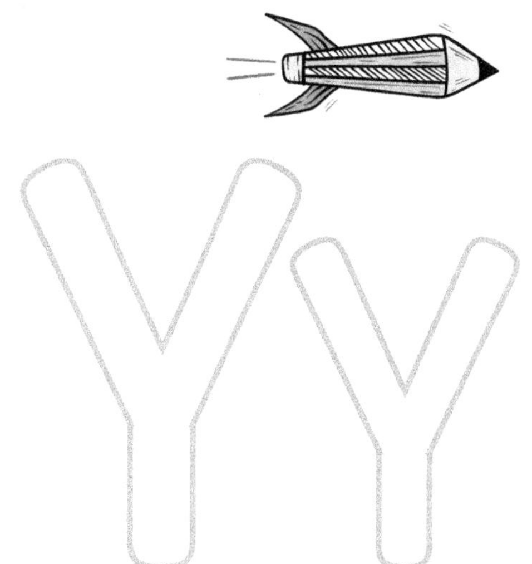

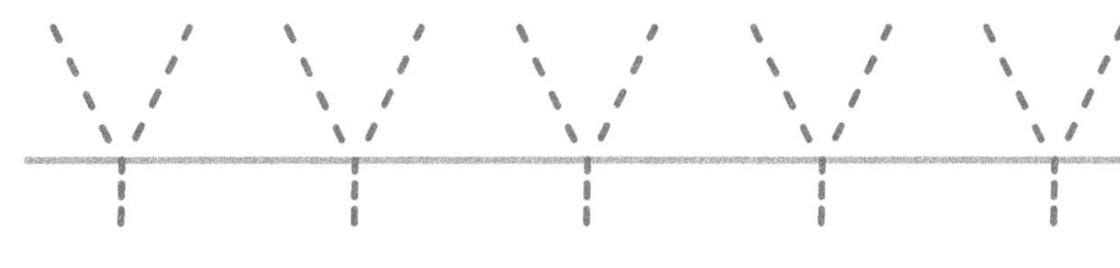

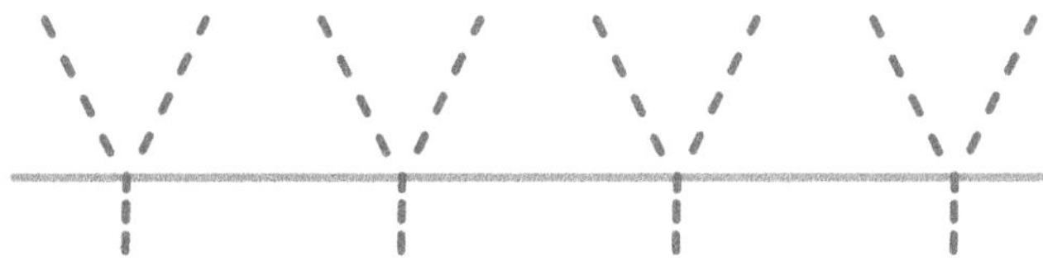

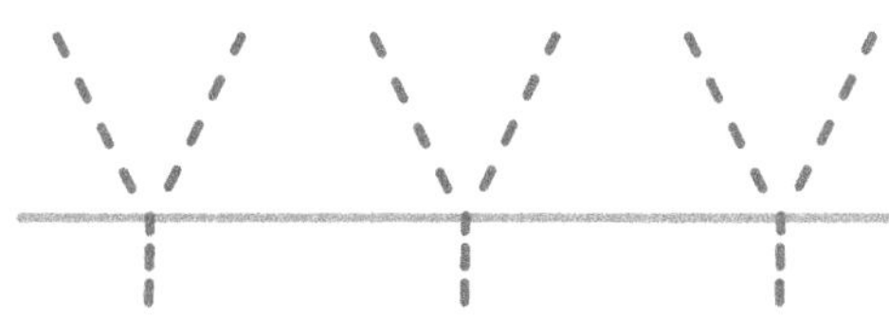

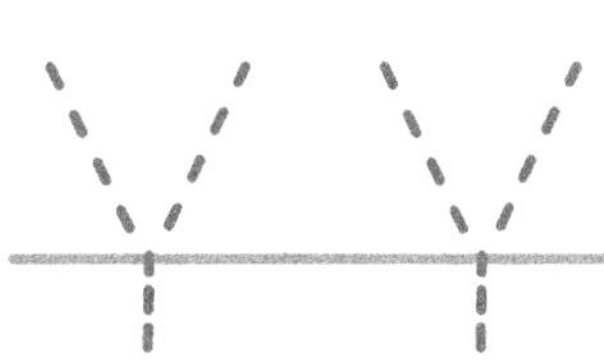

Das große Z
wie Ziege

2

3

3 3 3 3 3 3 3

3 2 2 2 2 2 2

3

4

5

6

6 6 6 6 6 6 6 6 6 6

6

6

7

8

9

Finde die Nummer

Male alle Felder aus,
in denen du eine I entdeckst.

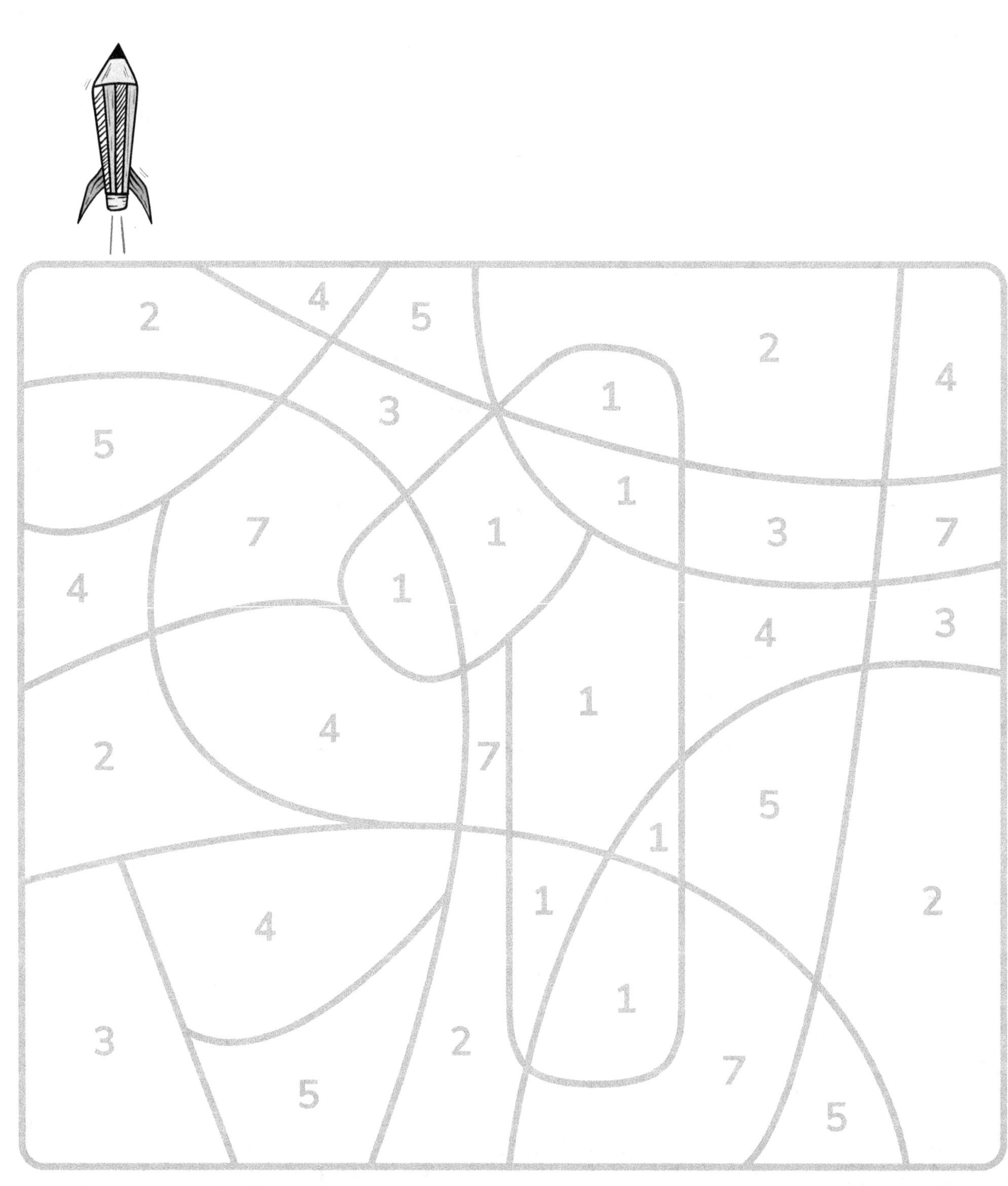

Finde die Nummer

Male alle Felder aus,
in denen du eine 2 entdeckst.

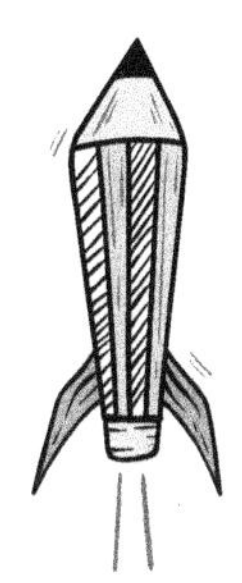

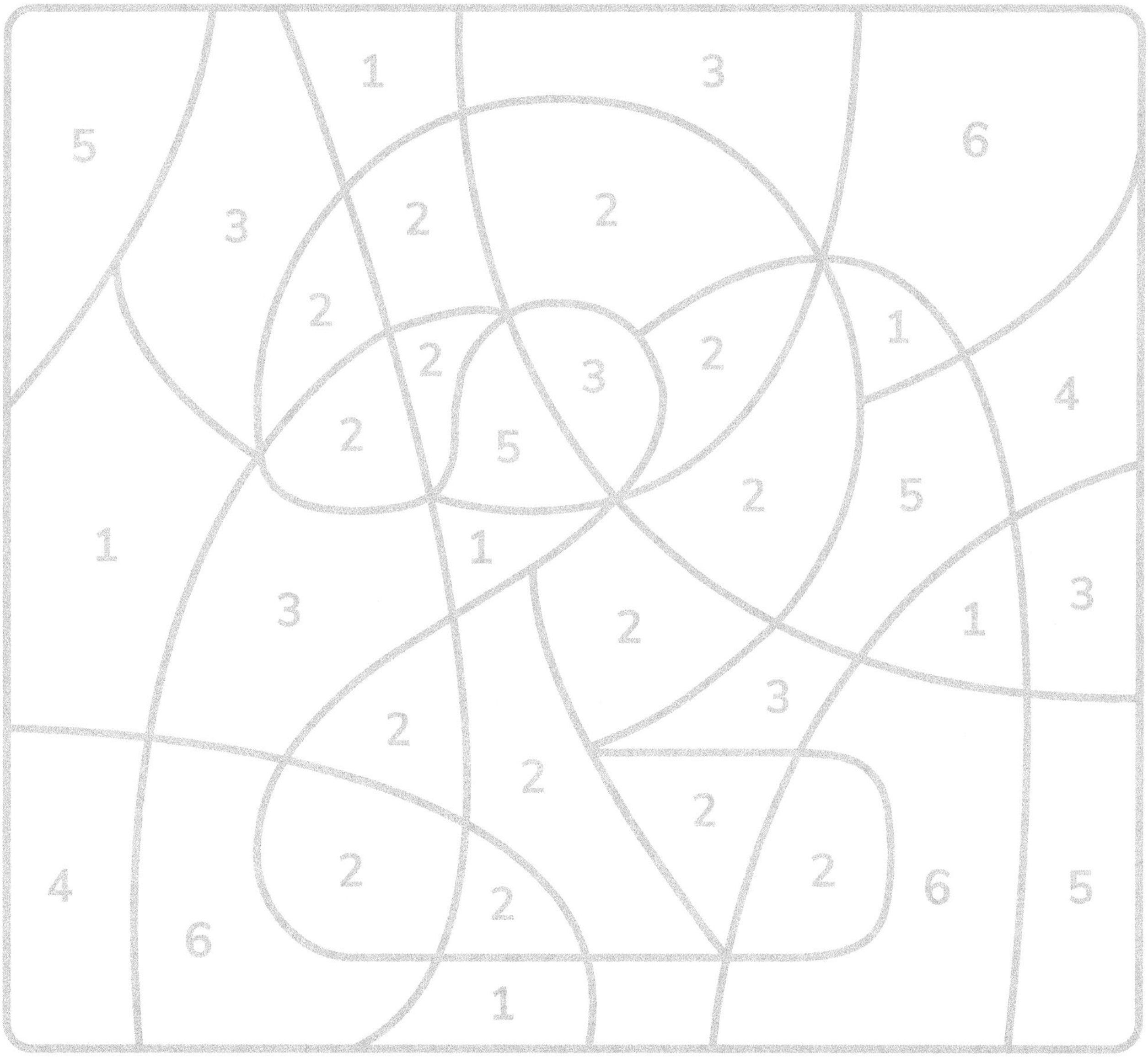

Finde die Nummer

Male alle Felder aus,
in denen du eine 3 entdeckst.

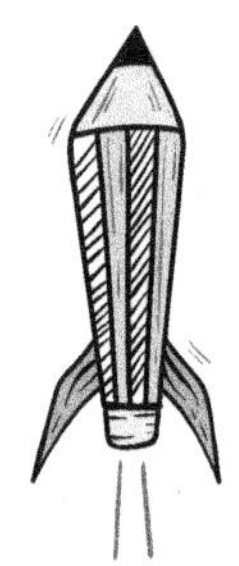

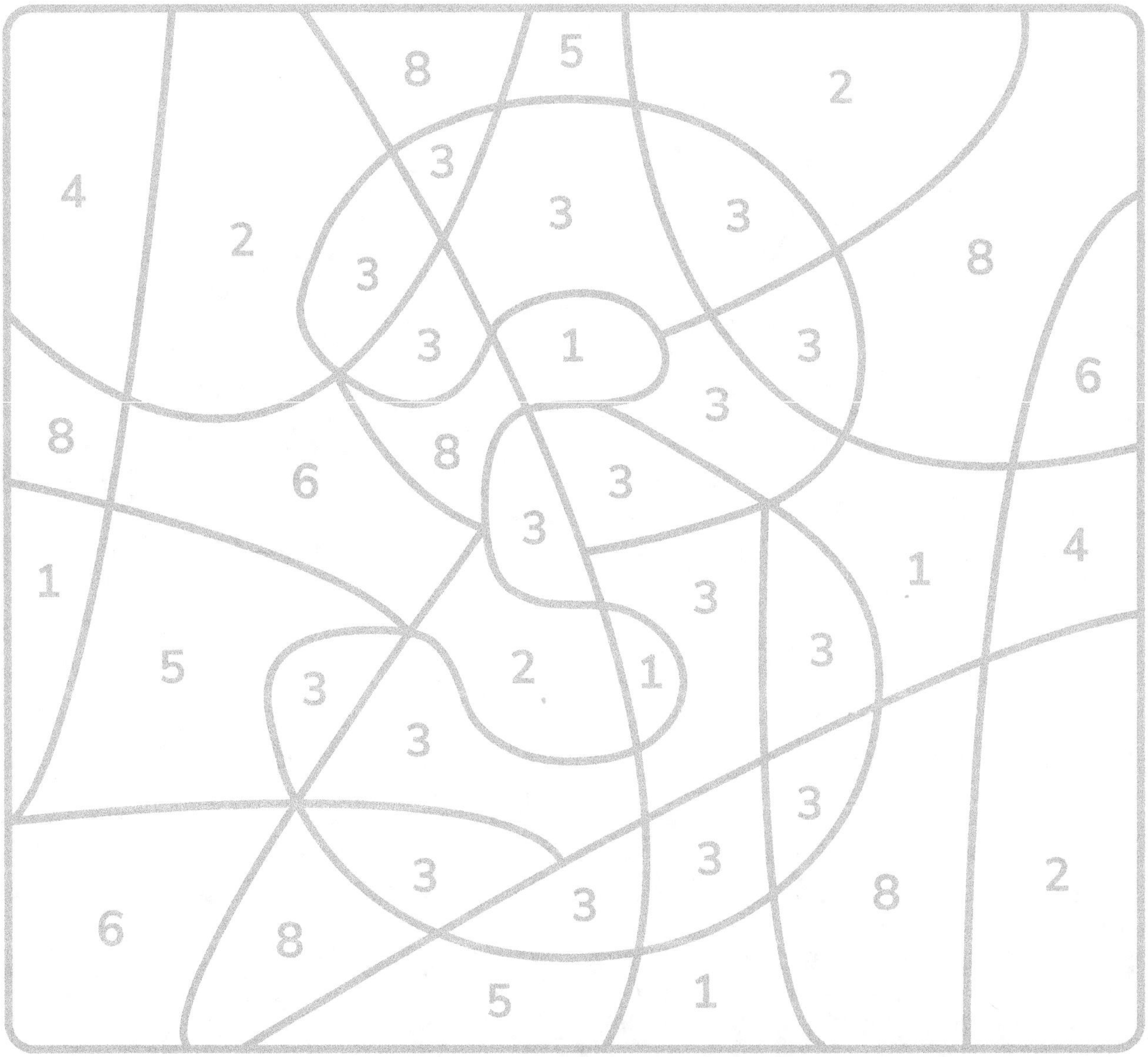

Finde die Nummer

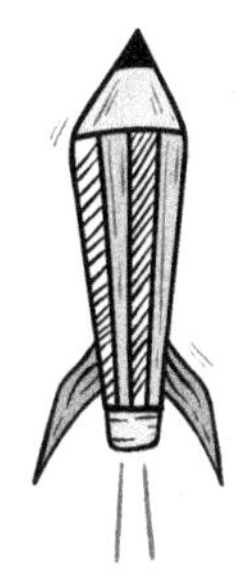

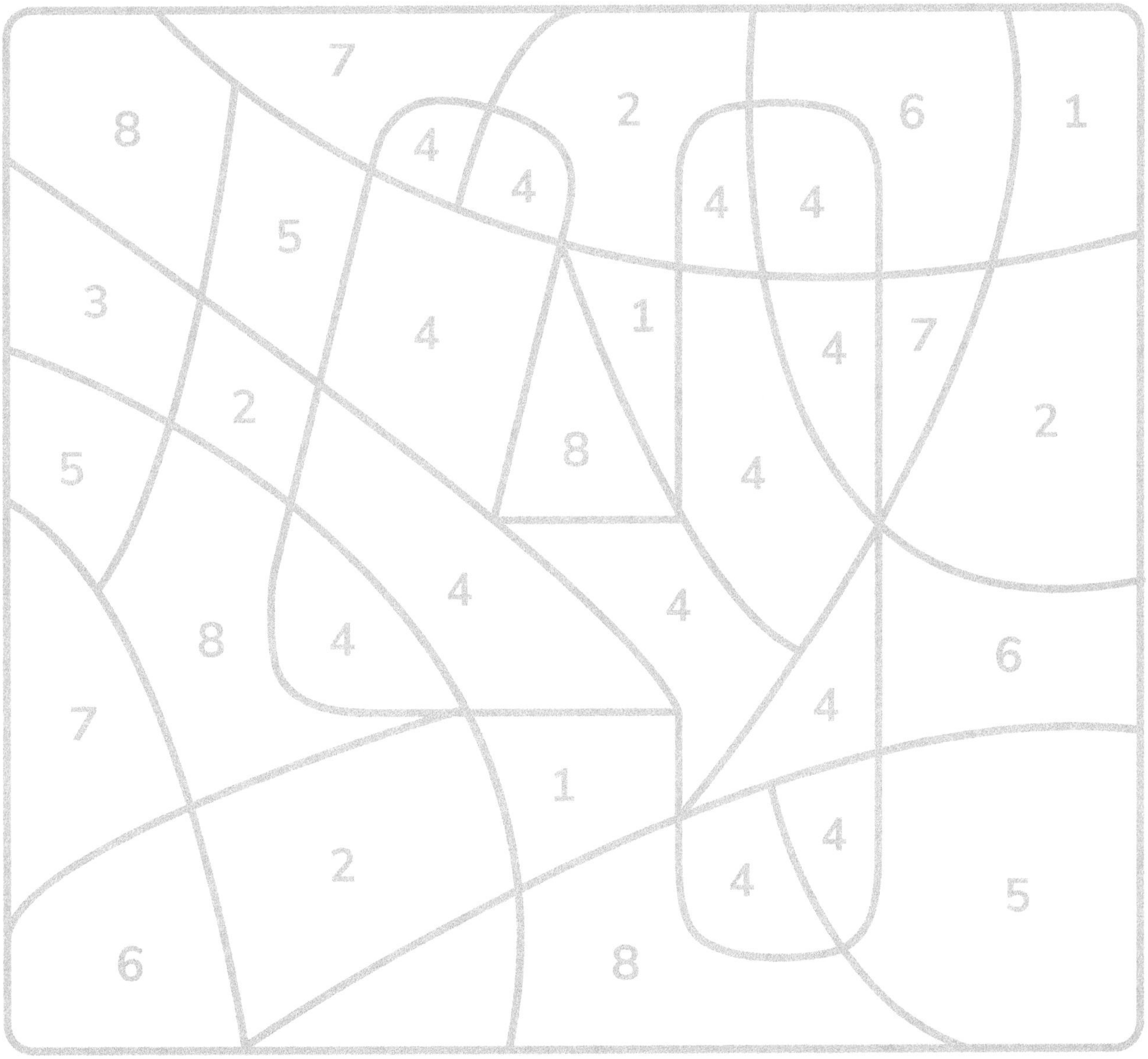

Finde die Nummer

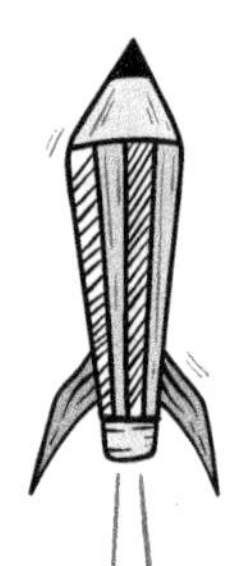

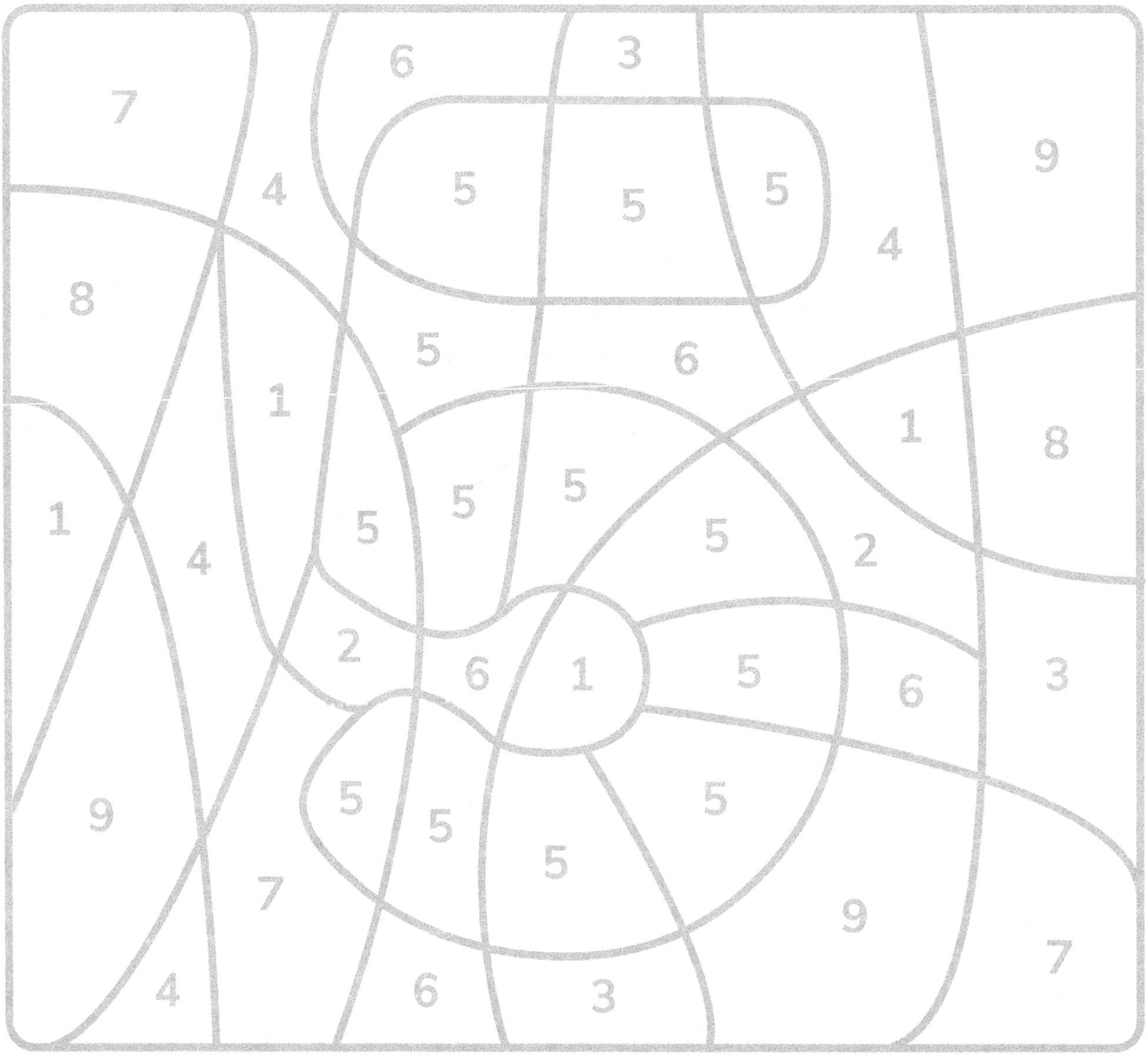

Finde die Nummer

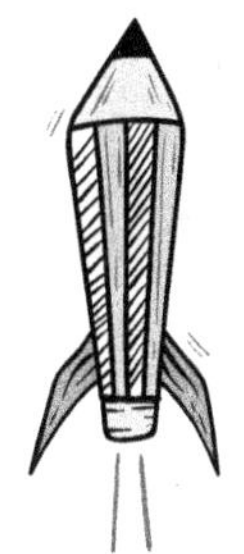

Male alle Felder aus, in denen du eine 6 entdeckst.

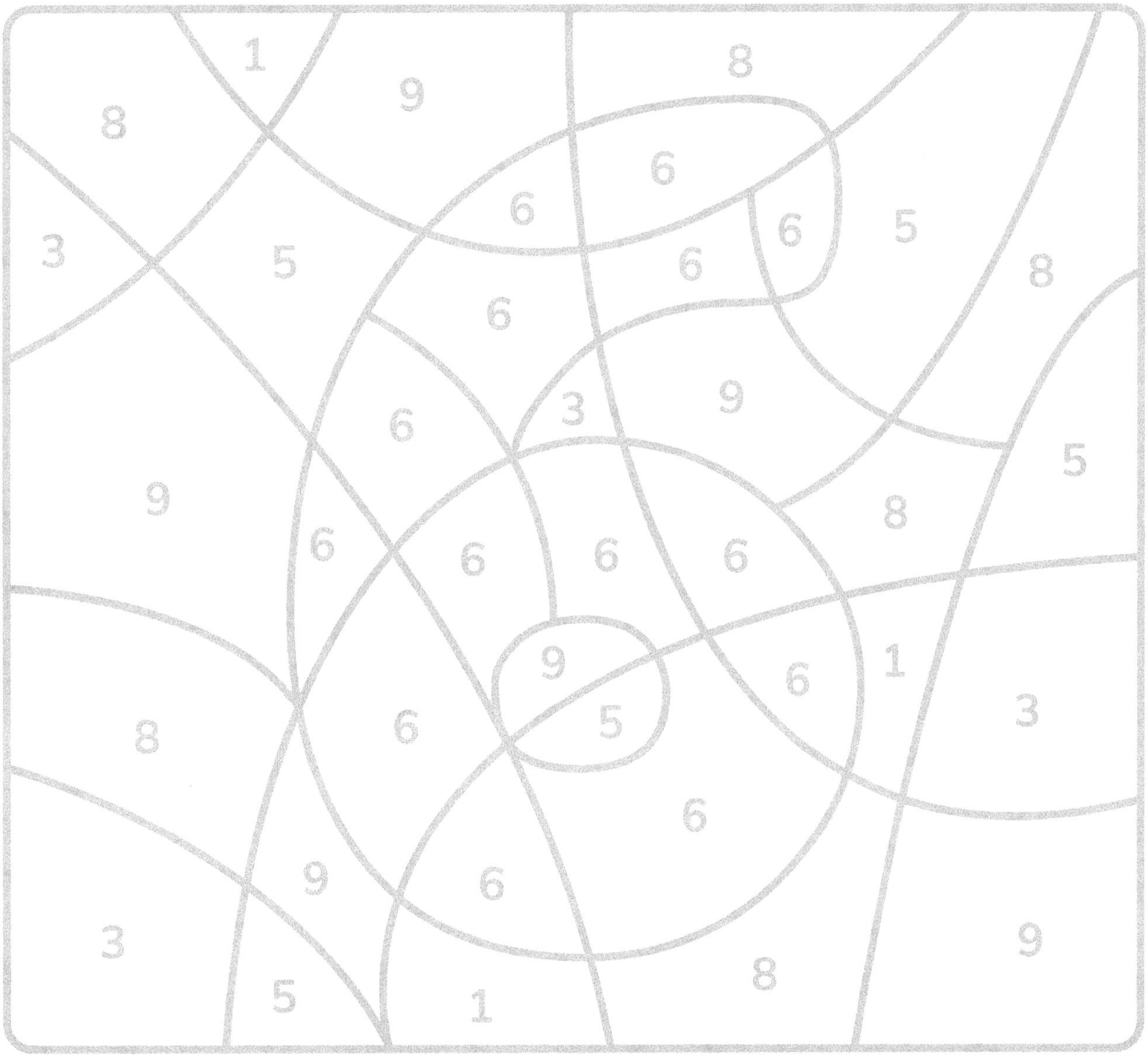

Finde die Nummer

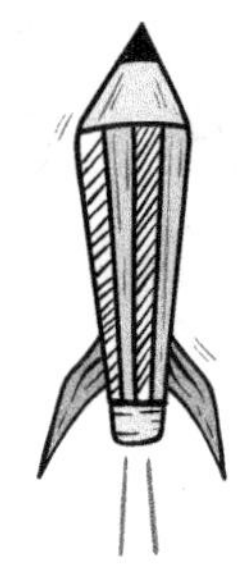

Male alle Felder aus,
in denen du eine 7 entdeckst.

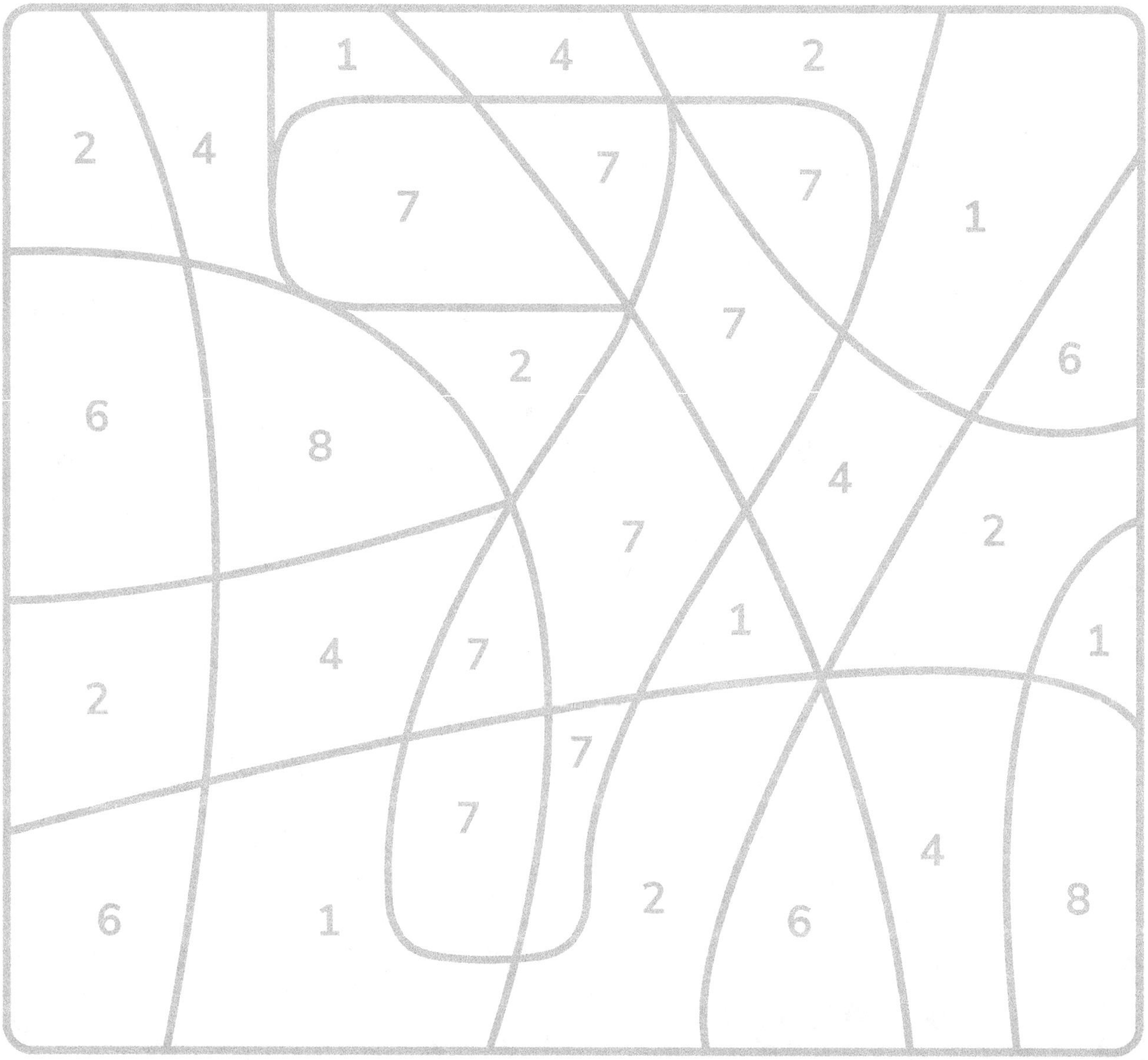

Finde die Nummer

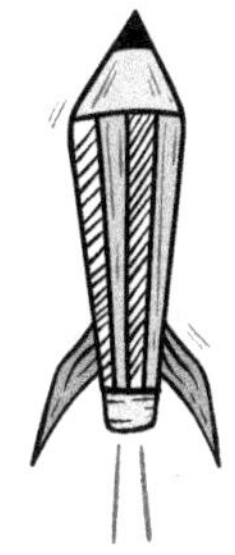

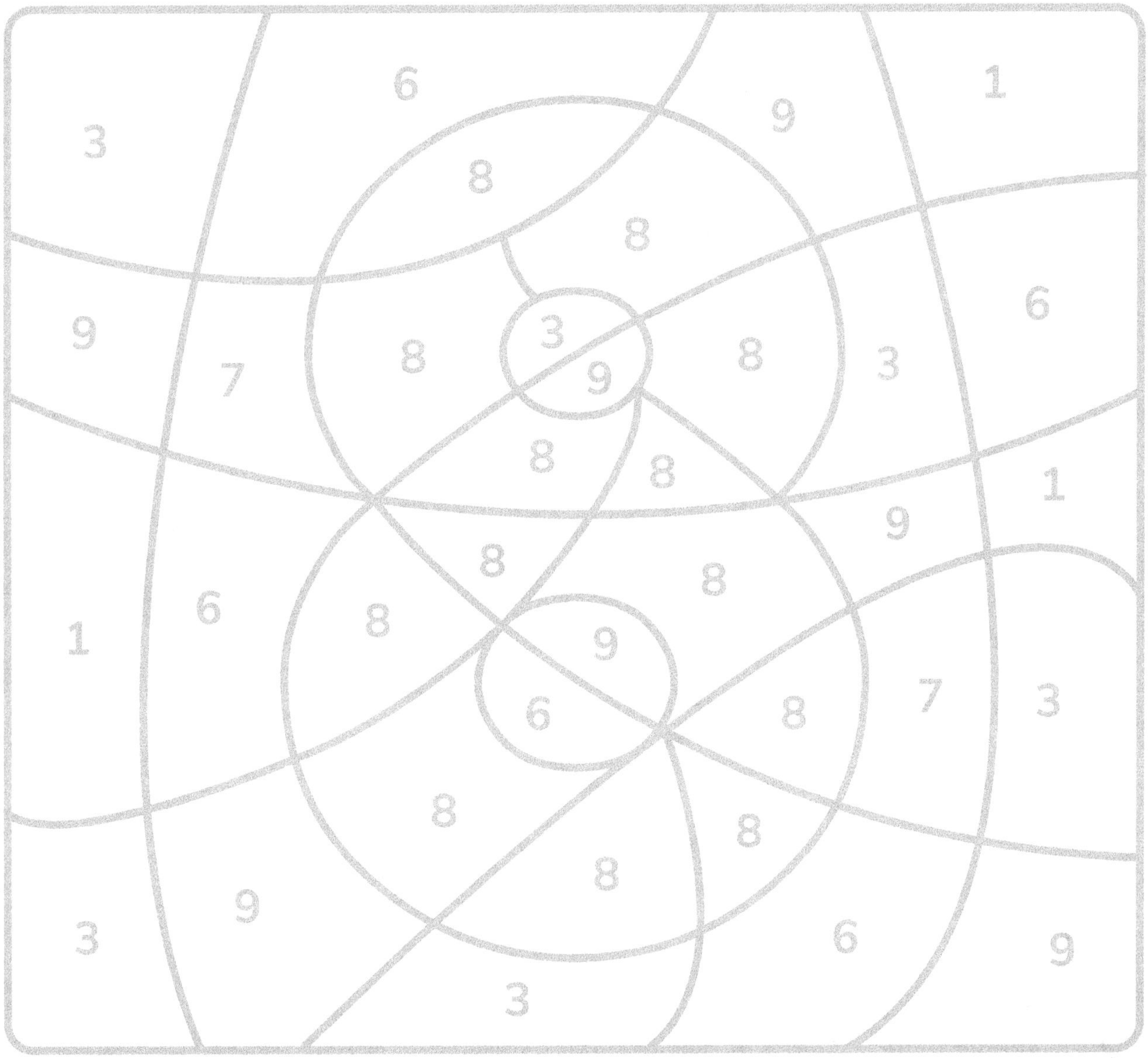

Finde die Nummer

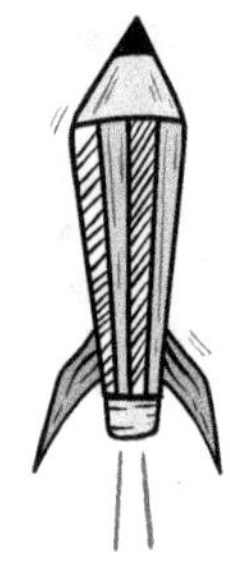

Male alle Felder aus,
in denen du eine 9 entdeckst.

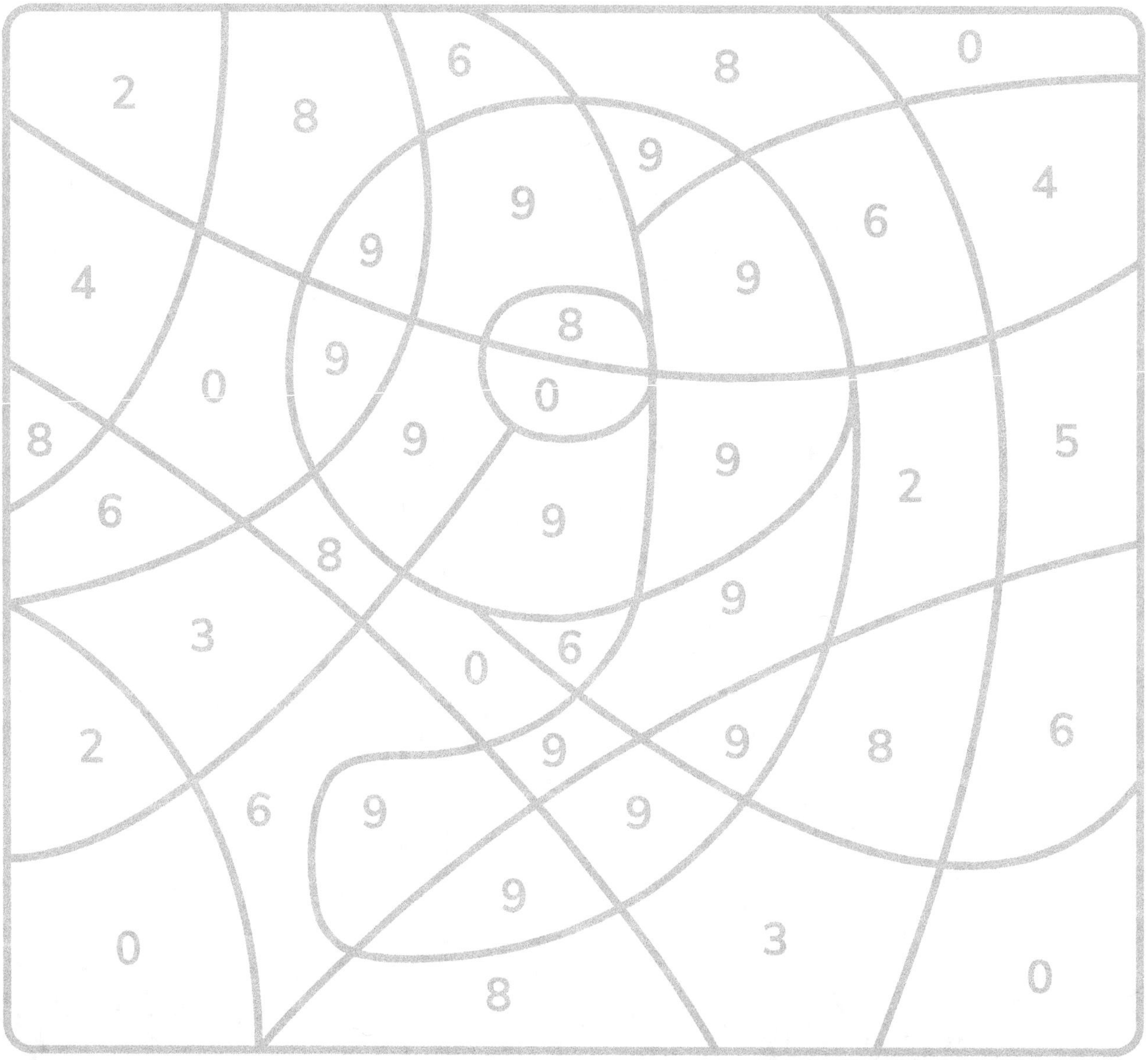

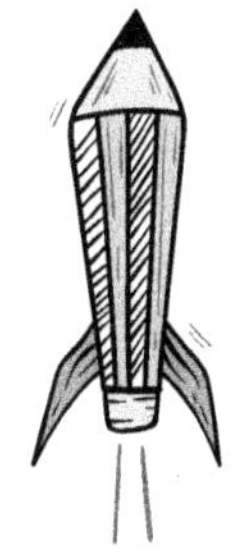

Finde die Nummer

Male alle Felder aus,
in denen du eine 0 entdeckst.

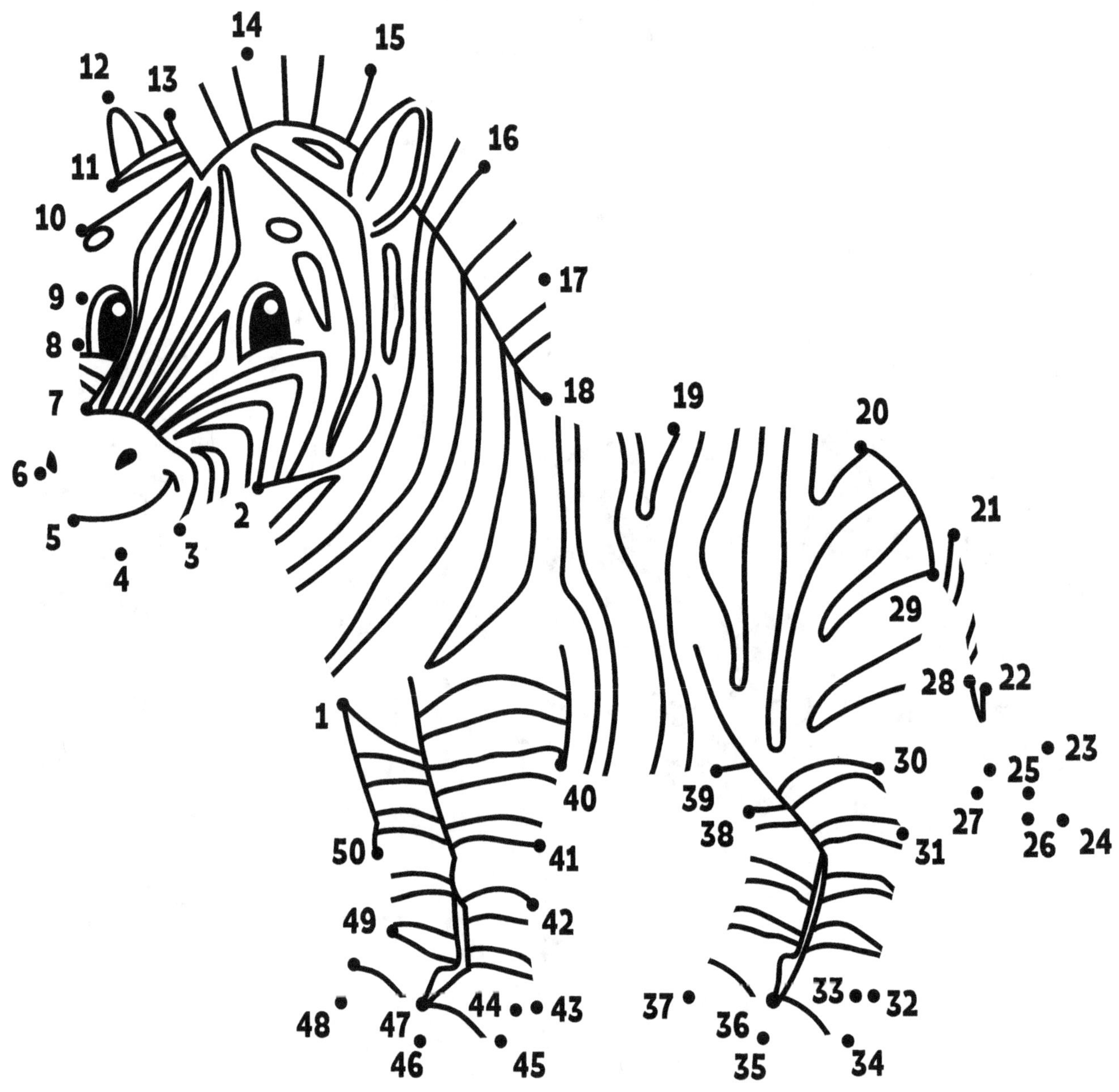

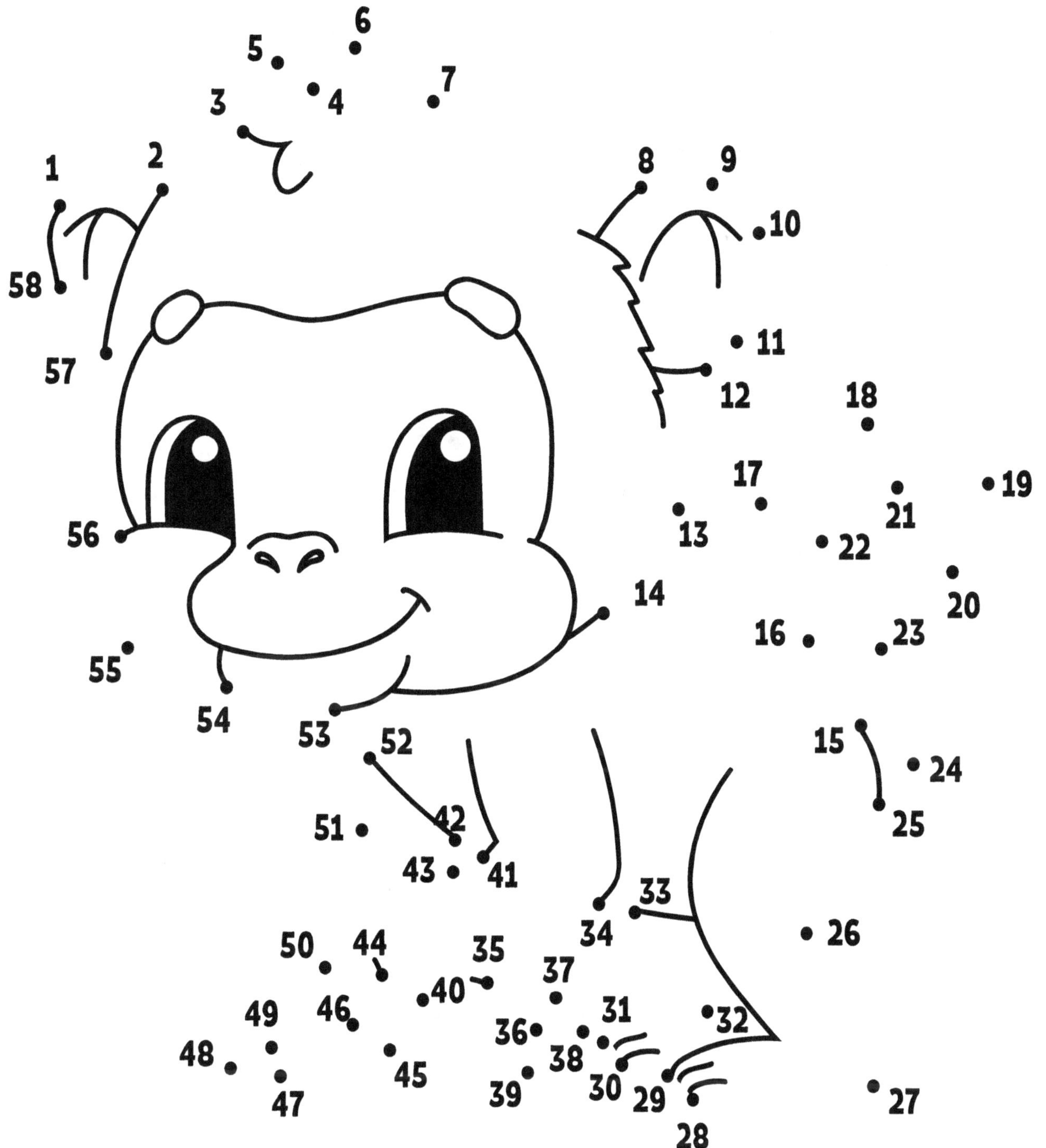

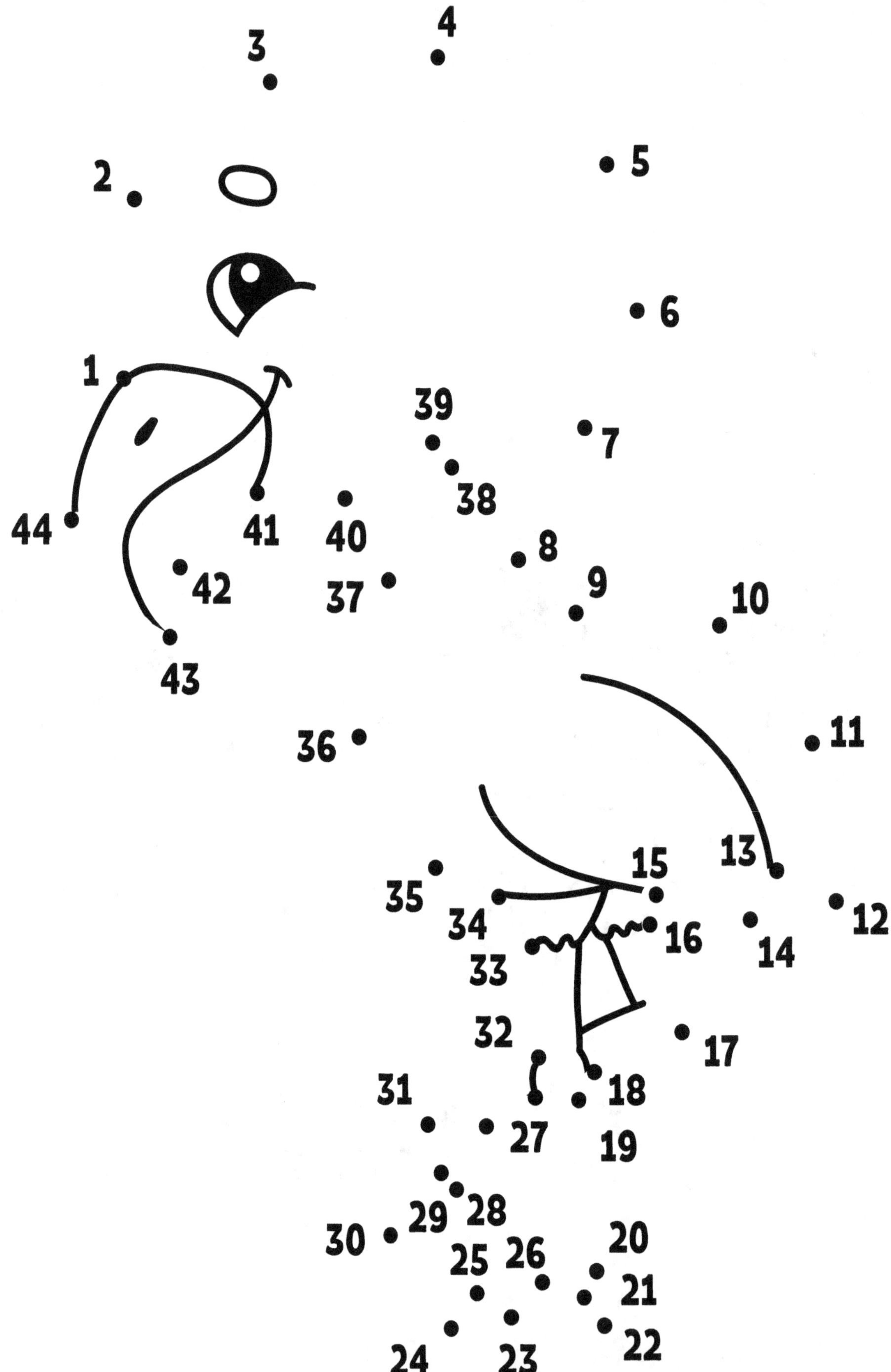

1
2
3
4
5
6
7
8
9
10
11
12
13
14
15
16
17
18
19
20
21
22
23
24
25
26
27
28
29
30
31
32

A	M	G	N	Q	S	R	V	E	V	X	W	J	T
Y	G	E	S	U	N	D	V	H	P	H	H	K	W
P	A	R	W	H	D	D	W	H	V	O	R	R	N
I	V	O	G	E	L	O	U	E	G	H	B	B	B
V	U	F	B	N	X	M	U	M	M	V	N	B	S
M	B	L	Ü	T	E	N	G	E	Z	A	L	L	E
G	J	Q	M	L	X	H	J	I	H	N	C	L	A
W	V	L	N	X	L	G	K	N	L	Y	C	L	L
I	Y	S	D	K	Z	A	C	E	A	J	B	I	K
R	S	V	A	S	E	D	K	N	O	U	U	E	B
V	C	H	U	P	U	O	O	J	J	N	F	B	Q
N	B	J	U	E	V	A	P	E	A	G	N	E	F
E	H	P	K	L	E	I	N	L	T	E	B	N	T
U	X	E	O	I	C	K	B	J	G	T	W	E	R

Wortsuchrätsel 'I' (leicht)

1. ALLE
2. VOGEL
3. LIEBEN
4. GESUND
5. BLÜTE
6. NEU
7. JUNGE
8. WIR
9. EINEN
10. VOR
11. VASE
12. KLEIN

D	R	A	B	E	X	W	G	S	G	O	S	K	Q
C	Q	B	B	K	X	H	U	C	R	I	G	L	S
B	W	Q	O	M	E	A	Z	H	Z	R	R	O	T
A	W	Q	W	K	X	U	Y	E	Y	X	O	U	A
C	H	L	W	M	W	S	A	I	X	E	Y	K	E
K	W	M	A	I	Q	B	U	N	P	O	V	R	M
E	L	H	R	D	Q	S	I	E	W	N	H	A	O
N	G	R	D	O	C	H	C	N	O	K	D	N	T
F	D	X	W	K	A	P	G	X	A	E	O	K	S
P	V	G	W	K	F	O	O	W	M	L	Q	B	I
T	G	M	Ä	D	C	H	E	N	Z	J	Z	Q	O
O	R	V	Q	U	X	L	H	A	L	Y	N	U	N
E	F	X	U	C	R	Y	W	W	P	M	G	J	O
G	I	P	S	U	C	H	E	N	U	H	K	Q	T

Wortsuchrätsel '2' (leicht)

1. HAUS
2. ROT
3. KRANK
4. NUN
5. RABE
6. BACKEN
7. DOCH
8. SCHEINEN
9. SUCHEN
10. MÄDCHEN
11. ONKEL
12. MAI

R	T	O	M	A	T	E	T	Y	C	E	N	T	U
Q	I	E	Q	O	T	T	J	M	O	V	S	D	V
M	O	R	D	A	U	G	E	I	R	I	N	G	W
E	Z	T	H	G	K	C	Q	I	J	E	V	U	X
G	H	I	M	M	E	L	S	R	T	I	E	R	E
C	N	Y	I	F	S	O	V	L	B	U	H	K	K
K	W	V	C	X	Y	U	S	C	X	H	M	X	Y
P	B	D	B	R	O	T	L	J	A	H	R	I	O
G	L	H	K	W	S	F	W	Y	C	H	E	B	L
G	S	E	S	T	E	I	N	M	W	O	D	U	A
E	W	L	H	B	M	R	M	B	Q	C	C	D	P
L	X	U	U	M	U	K	S	U	T	G	K	I	F
B	L	P	W	L	E	N	D	E	D	V	J	R	J
X	T	V	Q	M	D	Y	T	Q	C	U	S	W	E

Wortsuchrätsel '3' (leicht)

1. GELB
2. BROT
3. DIR
4. RING
5. STEIN
6. CENT
7. JAHR
8. TIERE
9. AUGE
10. HIMMEL
11. ENDE
12. TOMATE

Z	W	P	V	N	I	L	J	H	E	E	Q	U	R
O	G	O	G	A	U	C	H	U	N	A	S	E	G
M	I	I	R	C	O	S	N	N	K	V	J	V	M
A	M	H	F	B	W	A	E	Y	B	L	A	U	T
N	V	D	E	M	Y	A	M	N	K	V	H	N	L
E	O	K	U	J	F	I	B	F	Y	Y	W	Y	D
M	E	U	R	O	K	Z	I	E	G	E	E	G	D
K	B	J	K	O	D	E	J	F	D	H	P	N	O
J	E	F	R	B	A	L	O	S	Q	A	F	M	G
O	E	A	S	C	H	W	A	R	Z	D	M	U	S
F	B	K	H	V	P	U	H	C	F	I	P	T	Y
U	F	E	D	E	R	A	B	I	L	D	O	T	J
S	V	B	J	B	X	J	H	K	Q	J	D	I	P
Q	B	M	B	I	E	N	E	M	U	M	C	O	S

Wortsuchrätsel '4' (leicht)

1. MUTTI
2. BLAU
3. ZIEGE
4. SCHWARZ
5. FEDER
6. OMA
7. DEM
8. BILD
9. EURO
10. AUCH
11. NASE
12. BIENE

R	A	D	O	P	N	U	N	R	R	Z	N	M	Z
S	R	E	D	F	S	W	Y	L	F	Q	B	F	K
S	L	N	C	L	F	O	U	W	R	S	U	G	A
O	M	K	C	A	K	L	U	Y	S	I	N	H	U
G	W	E	U	N	P	L	V	V	I	I	T	O	F
F	R	N	L	Z	N	E	U	N	E	O	S	S	E
R	L	B	Q	E	J	N	P	O	B	Q	L	O	N
I	L	T	G	H	B	F	W	D	E	U	Ö	N	W
S	U	H	J	Q	T	Y	U	X	N	H	W	T	U
C	Q	K	Ö	N	N	E	N	Q	E	G	E	R	W
H	B	X	X	S	O	A	W	C	L	W	I	Q	H
P	N	S	X	S	Y	Q	U	A	T	S	C	H	I
D	E	N	D	R	M	Y	R	P	V	W	E	K	B
M	D	Z	R	M	E	I	N	E	X	K	G	J	S

Wortsuchrätsel '5' (leicht)

1 FRISCH
2 WOLLEN
3 MEINE
4 PFLANZE
5 DENKEN
6 KÖNNEN
7 QUATSCH
8 LÖWE
9 KAUFEN
10 SIEBEN
11 BUNT
12 DEN

K	P	U	D	L	S	Z	X	N	X	H	S	E	I
W	B	L	S	L	A	U	F	E	N	V	U	P	T
A	G	E	L	G	J	H	E	C	T	E	M	I	U
S	B	R	S	E	I	F	E	P	F	X	P	L	D
S	V	B	C	D	Y	I	S	H	C	W	O	E	I
E	M	T	O	H	C	I	Z	I	U	T	K	I	S
R	U	Z	C	V	F	F	G	M	N	X	B	C	L
H	J	E	N	G	P	P	E	V	D	S	Q	H	K
S	C	F	V	S	U	U	B	D	V	S	G	T	S
F	V	W	F	Z	U	E	E	X	X	Y	S	K	O
W	M	I	I	U	V	Y	N	Y	W	O	L	K	E
F	B	E	F	M	N	X	O	O	K	F	T	J	M
U	K	G	E	V	N	L	C	U	R	W	R	B	O
N	I	O	B	W	F	M	C	W	I	E	D	E	R

Wortsuchrätsel '6' (leicht)

1. WIEDER
2. WASSER
3. ZUM
4. WOLKE
5. GEBEN
6. SEI
7. LAUFEN
8. SEIFE
9. WIE
10. LEICHT
11. ENG
12. UND

Wortsuchrätsel '7' (leicht)

1 BLEIBEN
2 MUSS
3 TIER
4 BRAUN
5 LACHEN
6 EIS
7 DICH
8 ROLLEN
9 WOCHE
10 EIN
11 RUFEN
12 FINDEN

I	B	D	C	D	R	D	L	P	O	V	S	R	L
V	E	A	D	B	X	B	H	G	F	G	J	J	V
O	V	B	S	V	R	B	W	O	R	T	M	F	D
V	A	T	E	R	M	W	T	N	N	B	N	Z	G
W	Q	S	F	N	R	T	S	E	M	Q	K	E	Q
A	G	O	T	A	G	H	W	E	I	T	U	I	S
Z	P	X	J	P	S	X	W	V	Q	K	O	G	L
C	N	R	F	Ü	L	L	E	R	X	M	H	E	X
C	M	Q	P	Q	C	C	J	A	W	J	O	N	C
D	C	G	A	B	E	L	B	W	L	I	T	V	Q
O	T	Z	M	Z	P	R	S	C	H	A	S	E	N
E	G	B	Q	P	L	J	X	F	W	F	E	G	W
B	U	G	Z	A	O	L	S	C	H	O	N	N	N
W	T	R	H	M	E	R	S	N	R	U	F	R	T

Wortsuchrätsel '8' (leicht)

1. VATER
2. SCHON
3. FÜLLER
4. GABEL
5. HASE
6. ZEIGEN
7. WORT
8. AM
9. GUT
10. TAG
11. WEIT
12. DA

M	F	W	G	X	Z	P	F	P	M	M	U	Z	D	H	H
V	R	P	E	Q	V	E	U	V	E	Q	J	D	N	A	K
H	U	I	O	B	I	C	S	U	I	F	A	T	T	I	X
W	Ü	B	E	R	X	D	S	S	N	B	L	Q	N	I	Z
N	C	J	G	P	I	H	G	T	L	T	I	X	C	R	U
G	R	E	O	W	K	J	Y	N	K	C	Z	S	R	P	B
B	E	Z	H	I	W	B	J	D	G	B	W	L	G	U	A
D	X	B	L	N	N	P	I	M	D	Q	T	I	R	A	U
Y	R	U	E	T	E	S	Q	F	M	J	U	N	O	R	E
D	B	O	I	E	K	E	P	E	N	J	H	C	S	B	N
P	Y	V	H	R	U	G	A	Q	V	K	B	Y	S	E	I
K	B	D	I	B	A	U	M	X	R	V	O	T	C	I	W
L	N	I	A	U	F	G	A	B	E	R	G	T	K	T	F
V	G	Y	H	V	F	Q	X	E	I	Q	R	O	V	E	C
J	P	T	W	L	N	R	L	B	K	B	F	Ü	R	N	L
U	X	E	M	Q	W	U	R	M	K	Y	S	W	H	N	X

Wortsuchrätsel '9' (mittelschwer)

1. FÜR
2. FUSS
3. ARBEITEN
4. ÜBER
5. HAI
6. MEIN
7. AUFGABE
8. EI
9. WINTER
10. BAUEN
11. BAUM
12. GROSS

LenaRakete

LENA

Mathias Buhl · Humplgassl 10 · 82515 Wolfratshausen · Germany

www.ingramcontent.com/pod-product-compliance
Lightning Source LLC
Chambersburg PA
CBHW060515120726
48002CB00011B/3171